無駄ゼロ！自分時間が増える

超時短ハック

SUPER TIME SAVING HACK

鈴木真理子
MARIKO SUZUKI

ZERO WASTE!
MORE TIME
FOR YOURSELF

がんばって仕事をしているのに定時までに終わらない
時間に追われてやりたいことができない
休みの日も仕事のことが頭から離れない
メールや書類を書くのに時間がかかる
「このままの働き方でいいのか？」と日ごろから疑問に思っている

そんな悩みは
この本を読めば
きっと解決する
はずです

はじめに

時間と戦うあなたへ

■計り知れない「時短」のメリット

世の中のビジネスパーソンは、みんな時間と戦っています。

忙しいのは、あなたに限ったことではありません。残業しないで成果を出そうと、必死でがんばっているのです。

そこで、この本は、次のような願いをもつ人に向けて書きました。

・あふれるタスクを要領よくこなしたい
・定時に「お先に失礼します」と颯爽と帰りたい
・成果を上げて、上司や会社に評価してもらいたい
・プライベートな時間を増やしたい
・自分のやりたいことにもっと時間を使いたい

あなたの願いに1つでもあてはまるとしたら、**すぐ身につけてほしいのが「時短力」です。この力を身につけると、最少の時間で最大の成果を上げられるようになります。**

時短で働くメリットは計り知れません。

周りから「効率的な人」「生産性が高い人」と評価され、大切に扱ってもらえます。

年功序列は終わり、成果主義の時代です。若手だろうが、入社歴が浅かろうが、戦力となる人には活躍の場が与えられます。

会社は優秀な人に早期退職されたり転職されたりしては困るので、早くからやりがいのある仕事を任せたり、希望の部署に配置転換したりしてくれるでしょう。

1日24時間のうち、仕事時間を減らせば減らすほど増えるのが、自分だけの時間。

会社のためでも他人のためでもない、〝自分時間〟というかけがえのないご褒美を手に入れましょう！

特別な才能がなくても「時短」ができれば信頼される

時間の大切さに気づいてから、私は仕事との向き合い方を変えました。

新卒で保険会社に入社し、32歳まで事務職として働きましたが、当時は仕事がのろくて残業続き。計画は立てず、成り行き任せで仕事をしていました。おまけに、おっちょこちょいな性格でミスが多い。報告書を作るのに3日間、いえ1週間かかったこともあります。

それでいてプライベートの予定がある日は、朝からソワソワして集中できず、定時のチャイムとともに5時ダッシュ。

こんな調子ですから、会社に利益をもたらすどころか、残念な社員。先輩社員からお説教されたり、目をつけられたりしたこともあります（笑）。

転機は会社を辞めて、職を転々とした後に、ビジネスコンサルタントとして独立したときに訪れました。

38歳で一念発起して起業したものの、仕事がまったく来ない。さて困った。売り上げがなければ会社は経営できないし、自分にお給料も払えない。そこで、やるべきことを考え直し、優先順位をつけて大事な仕事からスケジュールに入れることにしたのです。とはいえ、ひとり会社ですから、事務も経理も庶務も全部自分でやります。いくら時間があっても足りないので、とことんスピードアップする方法を考えては試していったのが、私の時短ハックのはじまりです。

そして**特別な才能はなくても信頼されるように、「仕事が速くて正確な鈴木さん」と呼んでもらえることを目標にしました**。連絡をくれた人はきっと返事を待っている。仕事を頼んだ人は、どんな仕事があがってくるか、きっと不安を抱えている。**相手の立場になり、安心させたい、期待に応えたいという気持ちが、時短ハックを次々と生み出す原動力となりました**。

私は現在、企業や自治体に出向き、生産性を上げるための研修やセミナーをしています。持続可能な自分でいるために、平日は18時まで仕事をし、それ以上はやりません。メリハリをつけるために、終業後と休日は好きなことをしたり、毎週ゴルフのレッスンに通ったりして英気を養っています。自分時間の計画がすぐ立てられるよう、まだ手帳が真っ白なうちに、遊びや旅行の計画を書き込んで、仕事を入れないようにブロック。
また、日ごろから「やりたいことリスト」も作っています。

■「時間をかければかけるほどよい」は思い込み

あなたも時間のやりくりがうまくなるよう、3つのポイントをおさえてください。

1. ムダに気づき、ムダをとことん省く

2. 量をこなす必要がある仕事は、とにかくスピードアップする

3. 質を求められる仕事は、時間をかけ、腰を据えて取り組む

つまり、**仕事には、時間をかけるべき仕事と、さほど時間をかけなくてよい仕事がある**ということです。

あなたも仕事のやり方を見直し、「もしかしたら、やらなくてもいいかも?」と問題意識をもつことから始めましょう。

「すべての仕事に時間をかければかけるほど、よい仕事ができる」。これは思い込みです。

時間の長さと成果の大きさは、必ずしも一致しません。短期集中型で成果を上げる仕事術を身につけてください。

この本では、読者であるあなたの時間を大切にするために、サクサク読み進められる工夫をしました。ハック1つにつき4ページ。文章は少なめにして、イラストや見出し、ポイントなどを入れて、内容をすぐにつかめるようにしています。

難しい話は一切ナシ。ぜひ日々の仕事と生活に活かしてくださいね。

時間を大切に使うと、仕事と人生が好転します。

あなたが何かを変えたいと思った瞬間が、スタートラインです。時短ハックを自分のものにして、仕事もプライベートも満足する毎日を手に入れてください。

鈴木真理子

目次『無駄ゼロ！自分時間が増える　超・時短ハック』

第1章
時短力が身につけば、毎日がもっと楽しくなる！

第2章 実行力を爆上げする段取りのハック

第3章 仕事を円滑に進める時間管理のハック

第4章

手戻りをなくすコミュニケーションのハック

第5章

一発OKをもらう メール・文書・資料作成のハック

第6章 仕事も人生も充実する生活習慣のハック

第7章 知的生産力を上げる勉強・自己投資のハック

本書の見方

やりかたをくわしく説明しています

ハックで得られる効果を説明しています

行動のしかたを端的に記しています

ポイントや注意点をまとめています

時短の内容を表示しています
- 難易度：実践のしやすさ
- 範囲：メリットを得られる人
- 効果：短縮される時間の程度

ハックとは……？

仕事の効率を高める工夫や問題解決のためのテクニックのこと。
本書では、あなたの時間を増やすためのハックを 65 個紹介します。

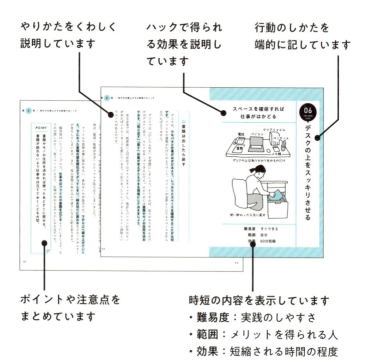

第1章

時短力が身につけば、毎日がもっと楽しくなる！

働き方は野球型からサッカー型へ

01
TIME SAVING HACKS

短時間で仕事をこなし「自分時間」を作り出す

野球型
仕事が終わるまで続ける
サッカー型
仕事を時間内に終わらせる

難易度　すぐできる
範囲　自分＋他人
効果　60分短縮

▼時短ハックは時代の要請

あなたの「自分時間」は、どれくらいありますか?

自分の好きなように使える時間がたくさんあったら、きっとやりたいことができますね。

人生を充実したものにするには、いかに自分時間を作るか、がテーマです。


お金の使い道を考えるのと同じように、時間の使い道を考えましょう。

お金は貯めることができますが、人生の残り時間は減る一方です。この先どれくらい時間があるかもわかりません。だからこそ時間は貴重なのです。


時間をどう使うかは、あなたが決めること。というのは、同じ仕事をしても、長く時間をかける人と、短い時間で済ませる人がいます。もし短い時間で済ませることができたら、残業は減り、自分時間を作り出すことができます。

そのためにも、時短ハックが不可欠です。「働き方改革」「生産性向上」「ワークライフバランス」はおなじみの言葉で、すべての人に時短ハックが求められる時代になりました。

企業側も、自分時間が充実した、多様性のある人と仕事をしたいと考える時代です。自分時間が充実した人は、趣味をもったり、社外の人と交流したりして視野が広く、発想力に富むため、仕事にも相乗効果をもたらすと期待されているのです。

この本でお伝えしたいのは、時代の要請としての時短ハックです。

限られた時間でテキパキと仕事をこなすと、あなたに自由時間が生まれるのはもちろん、チームや会社にも貢献することができます。

▼サッカー型の社員は仕事を定時内に仕上げる

ビジネスパーソンには2通りの働き方があります。それが「野球型」と「サッカー型」。

これまでの働き方の多くは、時間制限なしで仕事が終わるまで続ける、延長戦ありの野球型でした。

それに対してサッカーの試合は、前後半90分間試合をして、得点を競います。ビジネスパーソンに置き換えると、**今求められているのは、仕事を定時内にキッチリ仕上げるサッカー型の社員です。**

「自分は野球型なんです」というあなた。きっとがんばり屋さんで責任感があるので、プライベートの時間を削ってまで仕事に精を出すのでしょう。でも、悲しいことに長時間働いたからといって「毎日遅くまでがんばっているね」と評価されません。

これからは、働き方をサッカー型にシフトしていく必要があります。

POINT

短い時間で仕事をこなす時短ハックが求められている。定時内に仕事をきっちりこなす「サッカー型」が評価される。

02
TIME SAVING HACKS

時間に追われる理由を知る

理由がわかれば対処法が見えてくる

難易度　すぐできる
範囲　自分＋他人
効果　60分短縮

▼ビジネスパーソンが忙しい3つの背景

がんばっても仕事が終わらないとしたら、それはあなたに限ったことではありません。

では、なぜ時間に追われるのでしょうか。主な背景を3つ挙げます。

1つめは、**時間的な制約があること**です。

「働き方改革」は、これまでの長時間働いても成果が低い、日本特有の働き方を見直し、残業せずに成果を出してワークライフバランスを手に入れようというものです。時間外労働の上限が決められたので、職場で「残業しないように」と言われることも多いでしょう。

でも、残業するなと言われても、仕事量が減っているわけではありません。これまで時間をかけていた仕事を時短でやらなければならなくなったのです。

2つめは、**日本の生産性が低い原因のひとつとされる〝3大ムダ〟が依然としてあること**です。

3大ムダとは「会議」「メール」「書類作り」。3つとも大切な仕事ですが、これらに費やす時間が長いのも事実です。

一例として、次のようなムダはないでしょうか。

①**会議**：ダラダラ会議で結論が出ない、定例会議をとりあえず開く。

②**メール**：目の前にいる人とメールで会話をする、要領の得ないメールのやりとりで時間を奪われる、情報共有のためCCで送られてくるメールが多くて処理しきれない（メールは証拠に残るメリットがあるため、一概に減らしましょうとはいえませんが、話せば1分で済むこともあります）。

③**書類作り**：パソコンで見栄えのよい書類を作り込む、社内でやりとりする書類であっても「てにをは」を何度も修正させられる、会議中に録音したボイスレコーダーを再生して議事録を作る。

3つめは、**コミュニケーション不足**です。

上司はプレイングマネージャーで、同僚はみんなテンパっている。そのような忙しい職場では、仕事を教え合ったり、質問したり、手伝ったりする雰囲気が醸し出せません。みんな自分の仕事をこなすのに精いっぱいで、他人の面倒を見る余裕なんてない。このままでは、知識やスキルがなかなか身につかず、弱みや改善点に気づかないまま、自分なりのやり方を貫くことになります。

なお、在宅勤務はコミュニケーションの回数が減る原因のひとつ。

相手の仕事を中断させたり邪魔しないようにと報連相をためらったり、質問を遠慮したり。人目がない分、ついダラダラと作業を続けて残業してしまう人もいます。

POINT

現代のビジネスパーソンが時間に追われる背景は「時間的な制約」「3大ムダ」「コミュニケーション不足」。

03
TIME SAVING HACKS

時間をかけてよい仕事を見極める

生産性の高い人が評価される

難易度　すぐできる
範囲　自分＋他人
効果　60分短縮

▼仕事の生産性を意識してみる

タイパ（タイムパフォーマンスの略）という言葉があるように、公私ともに時間をかけずに物事をパパッと済ませたいと願う人が増えています。一日24時間はみな平等。やらなきゃいけないことを短時間でこなせば、自分時間が作れます。

では、仕事をテキパキと進めるにはどうしたらよいでしょうか。

まずは、**時間をかけてよい仕事と、時間をかけなくてよい仕事を見極めましょう**。

どの仕事も終わるまでやると残業になるのが目に見えているので、かけた時間に対してどのくらい成果を上げられるか、「時間対効果」を考えてみてください。

生産性とはインプット分のアウトプット。数式にすると分母は時間で、分子は成果です。朝早く出勤したり、遅くまで残業したりして長時間働いても、アウトプットとなる成果が少なければ、それは生産性が低いということになってしまいます。

例えば、同じ報告書でも、1時間で作る人と3時間で作る人がいたなら、前者の方が生産性は高いので評価されますね。

一つひとつの仕事を始める前に、**「どれくらいの時間でやるか」を考えましょう**。自分の価値ある時間を、どの仕事にどれくらい投入するのかを計画することが極めて大切です。

▼仕事の優先順位と時給を考える

そして、**数ある仕事に優先順位をつけましょう**。優先順位を決めることは、重点的に時間をかけるべき仕事と、手早く済ませてよい仕事を正しく見極めることでもあります。

優先順位の高い仕事は、時間をかける価値がありますし、時間をかけた分だけ成果も比例して大きくなるでしょう。たっぷり時間を投入して、結果を出してください。時間が足りないと、よい仕事はできません。

一方、優先順位の低い仕事は、ちゃちゃっと済ませましょう。時間をかけても利益に結びつきにくい、庶務や雑務、定型業務は手早く仕上げて、優先順位の高い仕事に時間を投入してください。このようにメリハリをつけて仕事をすると、段取りがよくなります。

次に、**時給を基準に考えてみましょう**。年収400万円の人は時給に換算すると約2000円、年収500万円なら時給約2500円となります(※)。プロとして報酬を得るからには、時給に見合ったアウトプットが求められます。

加えて定時内に仕事を終わらせれば、残業代はかからず、会社に貢献できますね。

これからは「タイパ」を意識して、一つひとつの仕事を始める前に、限りある時間をどの仕事にどれくらい投入するのかを考えましょう。

POINT

時間をかけてよい仕事を見極め投入する時間を考える。優先度の高い仕事に時間をかけて時給を上げる。

※1日8時間、月間20日働くとして計算

04
TIME SAVING HACKS

時短ハックを積み上げる

日々の小さな積み重ねで仕事が速くなる

時短につながるハックの例
計画を立てる
My締め切り
納期
前倒しで進めよう
ミスやムダをなくす
もう一度
読み直そう

難易度　すぐできる
範囲　自分＋他人
効果　60分短縮

▼仕事が遅いなら計画を立ててから取り組む

時短は、きっと働く人みんなが知りたいテーマです。これだけやれば完璧！　という魔法があればよいのですが、残念ながら1つだけに絞れません。パソコンのキーボードを打つのが速いだけでは、ムリ。なぜなら、やらなくてもよいことを打っていたら時間のムダだからです。

でも、安心してください。この機会に仕事のやり方そのものを見直せばよいのです。**ハックを1つずつ試しては、継続し、習慣にする**。日々の積み重ねが功を奏し、確実にあなたを成長させます。

ところで、あなたの悩みは何でしょうか。

「自分は仕事が遅くて……」と悩んでいるなら、処理スピードを上げることを目標にしましょう。仕事になかなか手をつけなかったり、先送りしたりして、「やります」と言いながらやらないと、「やるやる詐欺」と呼ばれてしまいそうです。また、のんびり作業をして、締め切りを引き延ばそうとすると、「ずるずる星人」なんて言われるかも（笑）。

あなたも思い当たるなら、計画を立ててから取り組むこと。期限を決め、自分との約束を守ることを目標にしてください。知識やスキルが不十分なら、訓練したり学習したりすることも大切です。そうやって行動に移すと、スピードは後からついてきます。

仕事量が多いならムダや改善点を見つける

「やることが多くて……」と**仕事量に悩んでいるなら、ムダや改善点を見つけましょう**。これまでのやり方を踏襲したり、前任者に教わった通りに仕事をしたりしているなら、「どうしたら時短でやれるかな」と問いかけながら、仕事に取り組んでみてください。

相手がそこまで望んでいないのに時間をかけてやることを「過剰品質」「過剰サービス」と言います。思い込みや自己判断で進めてしまうと、ムダに時間をかけることになりかねません。

定型業務で手いっぱいなら、近い将来ＡＩが代わりにやってくれそうですので、今から問題意識をもってみてください。改善策を見つけたら取り入れるなり、必要に応じて上司に「やり方を変更してよいですか？」と提案するなりしましょう。

「ミスをしてしまい、謝ったり、やり直したりして、思いのほか時間がかかります」というあなたは、スピードを重視するあまり、セルフチェックが形骸化し、ケアレスミスをしやすい傾向にあります。

ミスをすると自分で自分の仕事を増やすことになるので、正確さを目標にしてください。

また、お客様対応のときに、話を十分聞かないなど丁寧さを欠いた結果、ミスやクレームになることもあるので、時間をかけるべきところと省力化するところを見分けることが大切です。

POINT

計画を立ててから取り組むと仕事のスピードが上がる。ムダやミスをするポイントを見つけ改善することも大切。

05
TIME SAVING HACKS

仕事の主導権は自分が握る

時間に余裕が生まれ
オン・オフが充実する

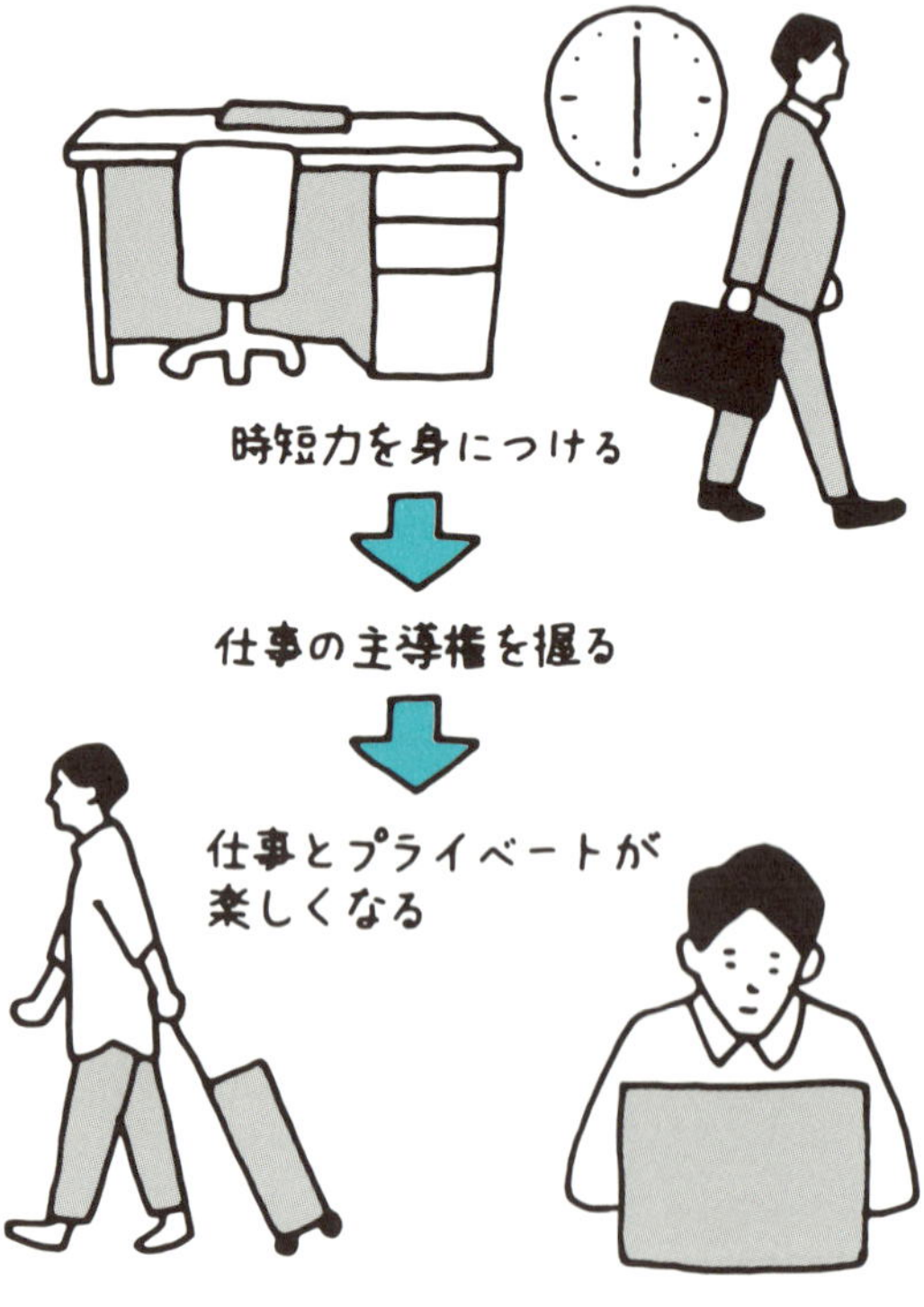
時短力を身につける
仕事の主導権を握る
仕事とプライベートが
楽しくなる

難易度　すぐできる
範囲　自分＋他人
効果　60分以上短縮

▼仕事が速い人は周りから信頼される

仕事が速いと、間違いなく強みになります。

多くの仕事は他人と進めるので、前後に工程があります。**仕事が速ければ、次の工程の人に時間をプレゼントすることができる**のです。

例えば、上司から仕事を頼まれて、期日よりも前に提出したら、上司がチェックする時間をたっぷりとれます。さらにケアレスミスがなければ、上司がミスを指摘したり、修正の指示をしたりしなくてよいので、上司に負荷をかけません。そうやって相手の仕事をラクにするような配慮ができたら、きっと感謝されるでしょう。

そして「あの人は手が早い」とか「仕事が正確だ」と評価され、信頼されて、安心して仕事を任せてもらえるようになります。信頼は、時間と同じようにお金では買えませんし、目に見えません。明日から急に信頼されるのは難しいので、**毎日コツコツと「信頼貯金」の残高を増やしましょう**。

主導権を握れば仕事が楽しくなる

チャンスはみな平等に与えられると言いますが、チャンスの女神は準備した人から先に声をかけます。この本を手にとったあなたは、「もっと速く、正確に仕事をしたい！」という向上心のある人。あなたのお役に立てるよう、この本では、どなたでもすぐに取り入れられる、やさしい、そして効果の高いハックを紹介します。

「忙しい」「時間がない」と、もう言わない自分を想像してみてください。

時間を生み出し、創出した時間であなたしかできない仕事、あなたの強みを活かす仕事、付加価値の高い仕事をしましょう。

人生も仕事も、主人公はあなたです。他人に振り回されず、**主導権を自分が握るためにも、時短力を身につけ、要領よく仕事を進めてください**。

同時に、仕事のクオリティーを高めましょう。段取りや時間管理、コミュニケーションなどのスキルを高めると、鬼に金棒。これらは一度身につければ、一生使えます。仕事はもちろん、プライベートでも役立ちますよ。

1日24時間のうち、8時間働くとしたら、3分の1が仕事時間です。長い目で見て、人生のうち仕事をする時間はこの先も続くでしょう。短時間で成果を上げると、自分時間が増え、オンもオフも充実します。**時間に余裕があると、気持ちがおおらかになり、周りの人との関係性もよくなり、仕事が楽しくなります**。ハッピーですね。

第2章から、いよいよハックを始めます。ぜひメモをとったり付せんを貼ったりしながら、読み進めてみてください。

POINT

仕事を速くこなすと自分だけでなく周りの人の利益になる。時短力を身につければ仕事もプライベートも充実する。

あなたの弱点がわかる！

仕事の進め方チェックシート

時短の目的と重要性を理解していただいたところで、あなたの仕事の進め方をふり返ります。下の「仕事の進め方チェックシート」で、自分はどのタイプなのかを分析しましょう。やり方は次の通りです。

❶下記の項目のうち、あてはまるものにチェックを入れてください。
❷項目はA～Dのカテゴリーに分かれ、それぞれ6つずつあります。チェックをつけた数の小計を書き入れましょう。
❸チェックの数が多いカテゴリーがあなたのタイプです（複数あっても構いません）。左ページの診断結果とアドバイスを読みましょう。

	仕事の進め方	✓	小計
A	書類提出やメール送信後に、誤字脱字がないか不安になる		／6
	翌日の仕事が気になり、よく眠れないことがある		
	失敗したり、叱られたりした過去をよく思い出す		
	叱られると何日かブルーになる		
	「担当から外されるかも」「異動があったらどうしよう」と不安になる		
	同期入社の人より昇格が遅れるのは嫌だ		
B	お先に失礼します、が言いづらい		／6
	頼まれたら断れない性格だ		
	相手の顔色をうかがうことが多い		
	忙しい相手には話しかけないようにしている		
	会議のとき、必要数より余分にコピーする		
	反対意見を言うのが苦手だ		
C	アフター6は個人的な予定を入れないようにしている		／6
	他人のミスを見つけるのが得意だ		
	人に頼むより自分で仕事をする方が速い		
	責任感があると褒められる		
	「しなければならない」が口ぐせ		
	忙しいとき残業するのは当然だと思う		
D	社内メールを書くとき、1通15分以上かかることがある		／6
	送信済みメールを何度も読み返す		
	社内資料でもデザインに凝りたい		
	会議中にとった議事録を、後で見直して推敲する		
	ノートはキレイに書きたい		
	電話の伝言メモは下書きをし、清書してから渡している		

結果はいかがでしたか？　診断結果は、A「心配性タイプ」、B「気遣いタイプ」、C「完璧主義タイプ」、D「丁寧志向タイプ」の4つ。いずれも仕事の時間が長くかかる原因です。参考までに、これまでの調査では、B「気遣いタイプ」が最も多くいました。

自分の傾向や弱みを知り、そこから改善するのが早道です。受験勉強と同じように、傾向と対策をセットにして取り組むと効率がよいでしょう。

診断結果	時間がかかる原因	時短アドバイス
A 心配性タイプ	・失敗やミスを恐れていて、割り切ることが苦手。 ・あれこれと考えすぎて、仕事に集中できないことがある。	・一つひとつの仕事に投入する時間を決める。仕事を終えたら、想定より時間のかかった原因と改善策を考える。 ・オフタイムや休日は仕事を忘れて気分転換したり、リフレッシュしたりする時間をもつ。
B 気遣いタイプ	・何事も相手に合わせてしまう。 ・嫌われないように行動している。 ・ノーと言ったり、交渉したりすることが苦手。	・スケジュールを自分で立てる。 ・やると決めたら、周囲の状況に流されない。 ・何でも自分で抱えず、協力を求めることも必要。
C 完璧主義タイプ	・自分の失敗やミスを許せない。 ・メリハリをつけるのが苦手。 ・自己流を貫く。	・重要度に応じて仕事にかける時間や労力を決める。 ・仕事の前後関係を意識して、次の人にバトンタッチするタイミングを早める。
D 丁寧志向タイプ	・相手がそこまで期待していないのに時間をかけてしまい、「過剰品質」「過剰サービス」になることがある。 ・仕事は丁寧だが、スピードを二の次にしている。	・指示を受けたとき、完成形を確認してから着手する。 ・仕事にかかった時間を計り、次回は短時間でやる方法を考える。 ・自分の日給・時給を計算し、「1日いくら稼ぐ・会社に利益をもたらす」と決め、数字を意識しながら取り組む。

COLUMN

1 「時間ビンボー」から「時間リッチ」へ

年上の友人に京都大学の教授を務めたＹさんがいます。東大や京大を卒業したわけではなく、社会人としての実績が認められ今の地位に就いたようです。コンピューターが珍しい時代に「電子カルテの時代がくる」といち早く予想し実用化するなど、世の中に貢献してきました。

かといって仕事一辺倒の人ではありません。職場を早帰りすることもありますし、家で本格的な手料理を作ったり、ピアノを弾いたりバンドも組んだりしています。

まさに時間リッチなのです。どうしてそれほど仕事で成果を上げられたのか、本人の様子をそれとなく探りました。

その結果わかったのは、「成果は必ずしも時間に比例しない。大切なのはメリハリと集中」ということです。大事なものと、そうでないものをハッキリ区別し、短期に集中して成果を上げる。人づきあいのよい人ですが、何でもかんでも相手に合わせるのではなく、断るときは断っているようです。

「時間がない」「忙しい」が口癖の時間ビンボーと、一見すると暇そうだけど成果を上げている時間リッチ。誰もが１日は24時間ですが、時間リッチになれば人生を謳歌できるのです。

第2章

実行力を爆上げする段取りのハック

06
TIME SAVING HACKS

デスクの上をスッキリさせる

スペースを確保すれば仕事がはかどる

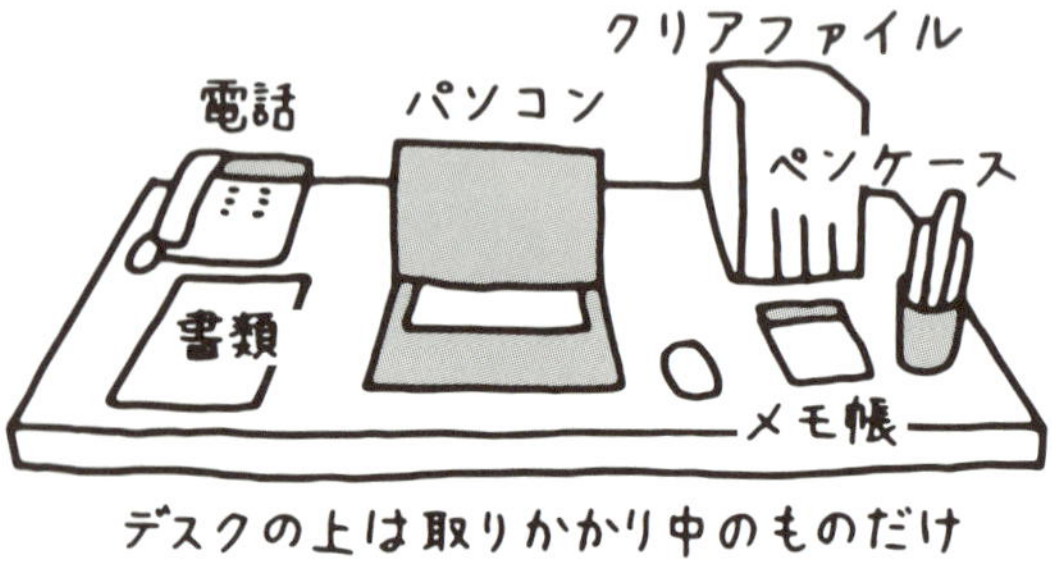

難易度　すぐできる
範囲　自分
効果　60分短縮

▼書類は出したら戻す

デスクは、**テキパキと仕事がはかどるよう、しっかりとスペースを確保することが大切です**。ファイルや書類が広げられるスペース、パソコンが姿勢よく打てるスペースを作らなければなりません。

デスクでは「出したら戻す」を習慣にしましょう。そうすれば、取りかかり中のものだけがデスクにあり、キレイをキープできるのです。そのためには**書類やモノの住所を決めておき、「取り出す」「戻す」作業が考えずともできる環境にしておきましょう**。

ある企業では、終業後に上司が部下のデスクをチェックし、電話とパソコン以外のモノがあればイエローカードを置いています。2枚たまったらレッドカード＝トイレ掃除というルールがあるのです。

パソコンも同様で、使わないファイルを開きっぱなしにすると、動作が鈍くなってしまうので留意しましょう。また、**デスクトップに使わないファイルが置かれたままになっていないか、ファイルはフォルダー別に管理しているかも確認してください**。作業効率を高め、ミスを減らすには、こうした地道で当たり前のことこそ大切です。

定型業務だけで精一杯では、成長は望めません。デスクとパソコンをスッキリさせ、クリアになった頭で大切な仕事に集中し、結果を出しましょう。

▼書類は寝かせない、重ねない

「必要なファイルが見つからない」「これからもっていく書類はどこ?」と、慌てて探すことはありませんか。もし、大事な商談があるのに約束した企画書や見積書を用意できなかったら……。想像しただけで冷や汗が出るのではないでしょうか。

以前いた職場で、ある男性社員から頼まれ、彼の書類をみんなで1時間探したことがありました。商談にもっていくはずの書類がないと言うのです。全員で協力して共有キャビネットやら、自分の机の引き出しまで探したところ……。結局、彼の机の上で見つかりました。デスクの上には、雪崩が起きそうなほど書類が積み上げられていたのです。以来、彼は「整理・整頓が苦手」とレッテルを貼られてしまいました。

ファイルや書類は横に寝かせない、重ねないのが基本です。**下から上へ積み上げていくと、下になった書類の優先順位が下がってしまい、締め切りに遅れる**などのミスやエラーが発生してしまいます。また、他の書類に紛れ込んで迷子になる心配もあります。

解決策はいたってシンプルで、**仕事中はファイルや書類を立てる**ようにしましょう。立てれば探しやすく、省スペースにもなり、仕事がはかどるデスクになるはずです。

POINT

書類やモノの住所を決めれば使ったあとすぐに戻せる。書類が紛れないよう仕事中は立てておくことも大切。

07
TIME SAVING HACKS

集中できるデスクを作る

デスクの環境を整えれば
仕事は速くなる

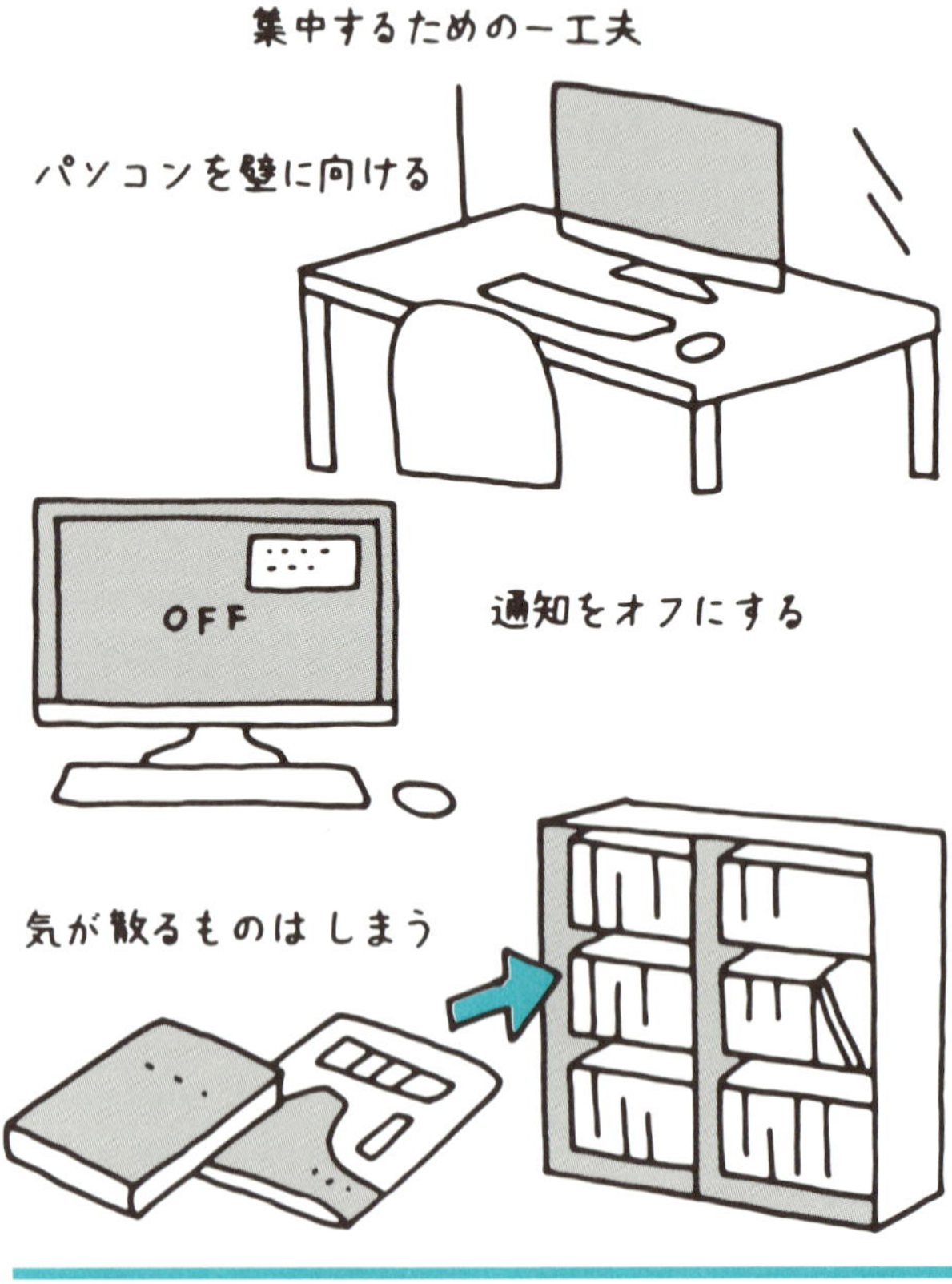

難易度	すぐできる
範囲	自分
効果	30分短縮

集中力を削ぐものをデスクからなくす

仕事が速い人は、集中力があります。いくら誘惑があろうとも、やると決めたら、一意専心でやり遂げます。**あなたも集中するために、まずは仕事をする環境を整えましょう。**

前項で、「デスクの上をスッキリさせる」についてお伝えしましたが、あなたのデスクはスッキリ片づいていますか？　必要なものだけが出ているでしょうか。

仕事と関係のないものが視野にあると、どうしても気になってしまいますね。面白そう、楽しそうなものがあると、誘惑に負けそうになるのは誰だって同じ。はじめから排除しておくようにしましょう。

パソコンの画面はいかがですか？　ニュースが出てきたり、通知が現れたりすると、ついクリックしたくなるのでは？　それらは表示されないように設定しておきましょう。

在宅勤務する場合、仕事部屋や自分専用のデスクをもつのは難しいかもしれませんが、ちょっとした工夫をするだけで集中力はアップします。

私は自宅で仕事をするとき、デスクを壁に向かって設置しています。そうすると正面にあるのはパソコンと壁。使わない書類や本などは、扉のある収納棚にしまっています。デスクに向かって考え事をしているとき、部屋の中にある素敵な雑誌や趣味のグッズなどが目に入ったら、気が散って手にとってしまうので隠してあるのです。

▼ToDoリストと手帳はデスクに出しておく

逆に**必要なものは、仕事中デスクに出しっぱなしにしています。それは、ToDoリストと手帳です**。ToDoリストは、集中して仕事をし、成果を上げるために作ったもの。セルフマネジメントするための最強のナビゲーターですから、いつでも見えるところに置いています。今日やることが一覧になっているので、危うく誘惑に負けそうなときは、「終わらせないと自分が辛いよ」と気づかせてくれる効果もあります。

そのＴｏＤｏリストですが、書くときは黒ペン、終わったタスクには赤線を引くなどして、一日に何回も見てアップデートするとよいでしょう。

また、**手帳を使っているなら、一日に何度も手帳を見返しましょう。**デスクの引き出しやバッグの中に手帳をしまい込むと、見返す頻度が下がり、大切な約束をうっかり忘れてしまったりする恐れがあります。

そこで私はデスクにいるとき、ブックスタンドに手帳を立てかけています。そうすると先々の予定が俯瞰できたり、やらなくちゃいけないことが目に入ったりするので、エンジンがかかりやすくなります。

POINT

デスクの上に必要なものだけ置けば集中力が高まる。時間管理のためにＴｏＤｏリストと手帳はデスクに出しておく。

08
TIME SAVING HACKS

仕事を「見える化」する

余計な手間が省けたり 他の人が対応できたりする

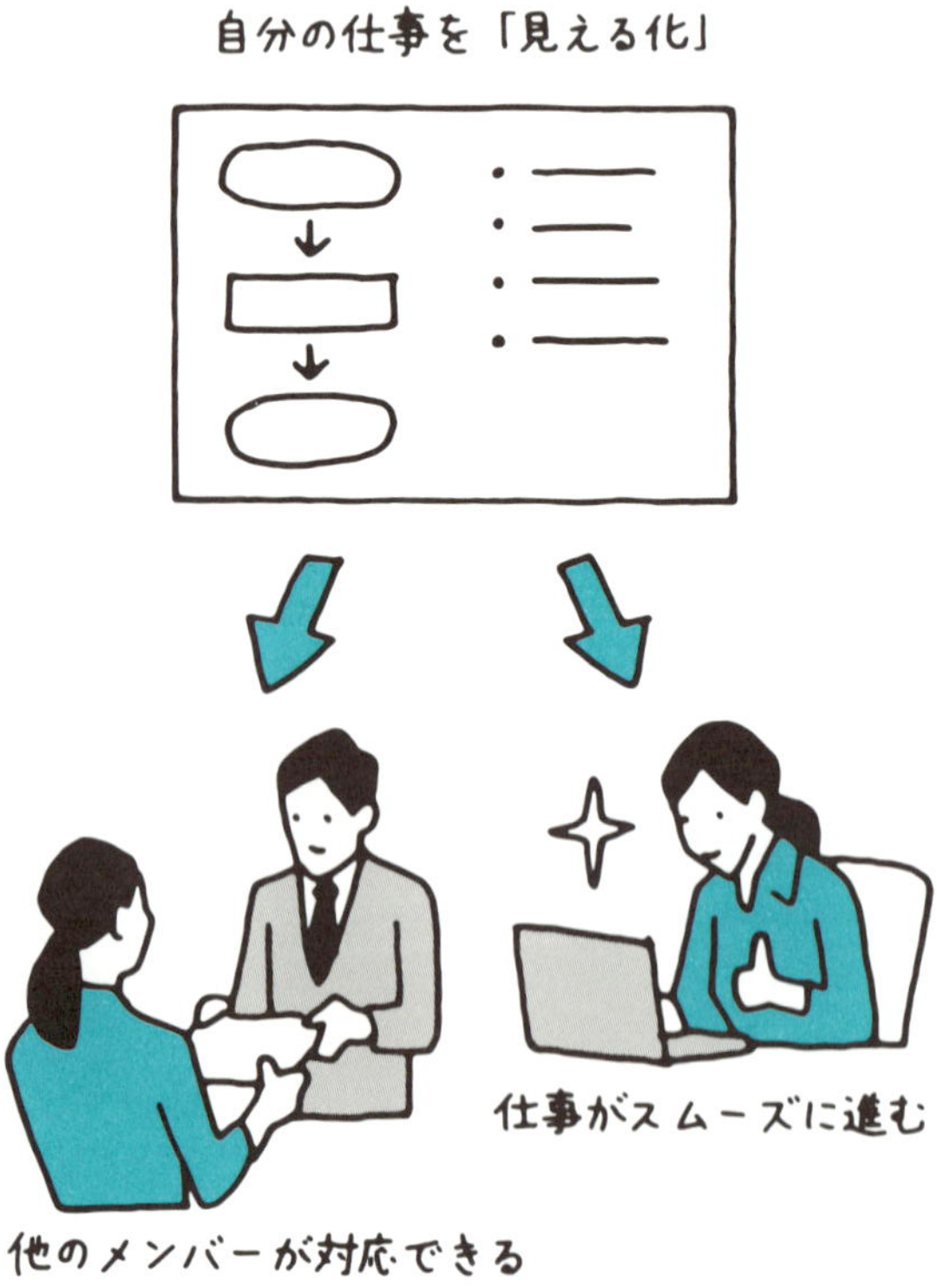
自分の仕事を「見える化」
仕事がスムーズに進む
他のメンバーが対応できる

難易度　すぐできる
範囲　自分＋他人
効果　60分短縮

仕事の状況を誰でもわかるようにしておく

仕事は必ず「見える化」しましょう。**仕事の見える化とは、業務の流れやスケジュール、タスクなどをひと目でわかるようにしておくこと**です。自分の仕事の流れは、箇条書きや図、フローチャートなどで目に見えるようにしておくと、毎回調べたり思い出したりすることなく、スムーズに仕事を進めることができるでしょう。

また、組織で仕事をするのですから、自分の仕事や進捗状況を、誰が見てもわかる状態にしておくことが大切です。あなたが休んだときは、他のメンバーが対応できるようにしておいてください。書類はどこにあるのか、データはどのフォルダーに入っているのか、ファイル名は何なのかがわかるようにしておくと、周りの人にフォローしてもらえます。

新入社員や異動・転職してきた人は、仕事を覚える前に、職場に慣れることが先決。そのため座席表や内線電話番号リスト、役割分担表などを作っておくと、電話に出たとき、担当者へスピーディーに転送できますし、メンバーの顔と名前が覚えやすくなるでしょう。

▼ノートに仕事の手順を書いておく

上司や先輩社員に仕事を教わるときは、必ずノートに書きましょう。スマホにメモする方法もありますが、ノートなら文字を書くのはもちろん、図や記号、イラストを描いたり、付せんを貼ったりして、カスタマイズできます。

また、スマホで電話をしながら調べものをするときは、ノートを見返すのが手っ取り早く、お客様をお待たせしません。

あなたがノートをとる姿を見て安心する人もいます。スマホだと何をしているかが相手に伝わりにくいのです。

ノートに仕事の手順を書いておくと、情報の整理がうまくいき、次回はそれを見ながらやれば、ある程度自分で進められますね。教わったときは、たとえ理解できなくても、ノートを繰り返し見返すうちに、仕事の流れが点から線へと変わり、理解できるようになります。そのノートは、やがて自分マニュアル（72ページ）として、大いにあなたを助けてくれるでしょう。

また、定型業務は、マニュアルに加えて、チェックリストを作るのがおすすめ。例えば、月末に請求書を10社へ送るなら、チェックリストをExcelや手書きで作っておきましょう。そのチェックリストを見ながら作業し、1つ終わるごとにチェックを入れていくと、モレやダブりがなくなります。

チェックリストを作るのは手間がかかりますが、一度作っておくと、何度も使い回せるので、お得です。スケジューラーやToDoリストも立派な見える化です。どんどん見える化を進めましょう。

POINT

仕事の状況などを「見える化」しておくと仕事が円滑に進む。上司の指示や仕事の手順をノートに書くと仕事を効率化できる。

09
TIME SAVING HACKS

仕事の道具はワンベストにする

道具がひとつなら
必要なときにすぐ見つかる

道具がたくさんあると見つけにくい

道具がひとつずつなら見つけやすい

難易度　すぐできる

範囲　自分

効果　15分短縮

▼文房具はひとつずつあればいい

あなたのデスクにはボールペンが何本ありますか？　消しゴムやはさみ、ホチキスはいかがでしょう。

もしたくさんあるなら要注意。引き出しが閉まらない、片づかない、必要なモノが見つけにくい。これらの原因は、同じ文房具をいくつももっているからかもしれません。

そこでおすすめしたいのがワンベスト。これは、**引き出しのモノはひとつずつあればいい**という意味です。ひとつといっても安易に考えないでください。デスク周りにスタンバイするものは生産性を左右しますから、品定めが大切です。

とくにボールペンは使用頻度が高いので、インクがしっかり出るもの、字がキレイに書けるものなど、お気に入りを厳選してください。営業職やコンサルタントであれば、お客様の前で使う「勝負ボールペン」を別に用意するのも一手です。

▼在庫切れをなくすルールを作る

引き出しの中はワンベストが基本。でも、万が一に備えて在庫を用意しておきましょう。必要なものは過不足なく。そうでないと仕事が滞るからです。**3定《てい》といって「どこに（定位）」「何を（定品）」「いくつ（定量）」でルールを決めておく**といいでしょう。

ネットで注文すれば、当日中に欲しいものが届く時代です。でも、それに甘んじて文房具や備品の在庫管理を怠ると痛い目に遭います。

必要な在庫を切らすと、予定していた仕事ができなくなったり、慌てて買い物に行ったりするはめになりかねないからです。

以前、3定を知らなかったばかりに後悔したことがあります。

取引先から「FAXを送るのですぐ見てほしい」と頼まれたのですが、運悪くFAXのトナーが切れたのです。しかもトナーの予備はありません。慌ててトナーの購入できるお店を探したのですが、結局手に入ったのは翌日のこと。先方を丸一日待たせる結果となりました。

「共有備品トレーに（定位）」「FAX用トナーを（定品）」「常時ひとつ（定量）」とストックのルールを決めておくべきでした。

コピー用紙、プリンターのインク、名刺なども「3定」で切らさないようにしましょう。さらに「コピー用紙は最小1箱、最大5箱」など、**最小と最大の数を決めて、最小になったら最大になるよう発注**すれば、買いすぎや過剰在庫といったムダを防ぐことができるでしょう。

POINT

文房具など仕事の道具は厳選したものをひとつ用意する。「3定」で在庫を切らさないようにする。

10
TIME SAVING HACKS

仕事は「80点主義」を目指す

スピードを重視すれば
残業が減り会社も助かる

難易度	慣れが必要
範囲	自分＋他人
効果	60分短縮

仕事に完璧を求めない

仕事に時間がかかり、残業してしまう人たちを見ていると、次のような傾向があります。

計画を立てずに目の前の仕事に手をつけてしまう、無理だと思っても引き受けてしまう、すべて自分で処理しないと気が済まない、資料を作成するとき細部にまでこだわる。

性格としては、まじめで責任感があって完璧主義。何でもひとりでこなそうとし、周りの人を巻き込むのが苦手。

このように、どうしても残業をしてしまうあなたのために、少しでもラクになる方法を2つご提案します。

ひとつ目に提案したいのは、**完璧を求めない**ということです。

多くの仕事には、万人に共通する完成形がありません。何をもって終わりにするかは、自分で決めなければならないのです。確かに正確性は必要ですが、丁寧すぎて仕事が遅いと評価は下がります。社員が定時に帰り、残業代が減ると、会社は助かるからです。あなたの価値を高めるためにも、時間を創出しなければなりません。

そこでおすすめしたいのが**80点主義**です。

例えば、「大至急資料を作ってほしい」と頼まれたら、スピードを優先します。「相手が急いでいるのだから、多少誤字脱字があっても仕方ない。提出するとき、チェックをお願いしよう」と割り切ってみてください。

▼相手の期待度を確認する

2つ目に提案したいのは、**期待や役割を確認してから着手する**ということです。指示を受けたら、「自分が何を期待されているか」を十分に考え、わからなければ質問し、相手とズレがないようにしてください。

ここで、ひとつ事例を紹介します。ある企業の社長から、「当社の業務日報を読んでもらい、改善してほしいんですが……」と、仕事の依頼がありました。

その企業に伺ってみると、みんな張り切ってWordやExcelを使って「今日やった仕事」を時系列にして詳細にわたり書いています。でも、社長にとって、どれも満足のいく日報ではなかったのです。

社長は外出することが多いため、スマホで日報を読んでいたのです。そのため、メール本文に「どんな成果を上げたのか」を優先順位の高い順に3つほど箇条書きしたものを望んでいたそうです。

このように、**指示した人と受けた人にズレが生じると、お互いに時間と労力をムダづかいすることになります**。

POINT

スピードが優先される場合、完成度は妥協してよい。相手の期待度を確認しておけばムダを防げる。

11

TIME SAVING HACKS

予定と一緒に持ち物も書いておく

忘れ物をなくせば
時短になり信頼も失わない

難易度　すぐできる

範囲　自分＋他人

効果　60分短縮

手帳やスケジューラーに当日の持ち物を書き添える

お客様や取引先とアポイントを交わすとき、約束をすっぽかさないように日時や場所はしっかり記録すると思います。

当日を迎えて、相手とちゃんとご対面できたのはよいけれど、「しまった！　忘れ物をした」という経験はありませんか？

忘れ物をすると準備不足だとか、おっちょこちょいな人という印象を与えてしまいます。

対策としては、**手帳やスケジューラーに持ち物を書いておく**ことです。予定とともに、当日もっていくものを書き添えておくのです。

とくに予定を書き入れた日と訪問日が離れていると、いちいち持ち物まで覚えきれません。ですから、必要なものを記録してください。

例えば、財務や経理の社外セミナーを受ける日は、「電卓、名刺15枚」などと書きます。

グループワークをした人と名刺交換するかもしれませんので、名刺入れを忘れたり、枚数が足りなくなったりという失態をなくしたいものです。

銀行に行く日は「ハンコ」、顧客訪問する日は「サンプルとパンフレット」、出張する日は「おみやげ」などと書いておく。

病院に行く日は、「診察券、保険証（またはマイナンバーカード）、お薬手帳」などと書くと備忘録になります（保険証を忘れると、自費で払わなければなりませんから）。

持ち物のメモは、用が済んだら消して結構です。消せるペンで書くと消しやすいでしょう。

▼ポーチ収納法で忘れ物をなくす

忘れ物を防ぐには、目的別のポーチを作って管理する方法もあります。

私は研修やセミナー、講演会に登壇するとき、パソコンでスライドを上映しながら話しています。そのためパソコン本体の他、必要なアイテムを持参するのですが、もしひとつでも忘れたら進行に支障をきたしてしまいます。

レーザーポインター、ノートパソコンからプロジェクターへつなぐ変換コネクター、充電器、討議時間を計るタイマーがマストアイテムです。

そこで考えたのが「プレゼン用ポーチ」です。**100円ショップで買った透明の袋に必要なものを入れ、普段はデスクの引き出しにスタンバイ**。外出指令があれば、そのままバッグに入れて出かけています。**透明なので中身が一目瞭然、忘れ物がないかをチェックできる**メリットもあります。

POINT

手帳やスケジューラーには持ち物を書いておく。持ち物を透明のポーチにまとめておけば忘れ物を防げる。

12
TIME SAVING HACKS

仕事のマニュアルを作る

手順を思い出す手間が省け仕事を速くこなせる

難易度　慣れが必要
範囲　自分
効果　60分短縮

自分マニュアルを作る

みんなで使うマニュアルがあろうとなかろうと、自分専用のマニュアルを作りましょう。なぜかというと、仕事の理解度や習熟度、ミスしやすい箇所は人それぞれだからです。とくに新しい仕事や定型業務を覚えるときは、**マニュアルがあれば、ミスなく速く仕事をこなせます**。

マニュアルといっても、手間暇かけて作る必要はありません。例えば、**準備するものや手順を箇条書きする**だけで十分です。

また、パソコンの画面をプリントスクリーン（スクリーンショット）で撮るのもいいでしょう。マニュアルをパソコンで作っておけば、どこで仕事をしようがアクセスできます。

紙のノートの場合は、マニュアル用を1冊用意してください。または、ポケット式クリアファイルにメモした紙や印刷物をどんどん差し込んでいくと閲覧しやすくなります。

もしミスをしたら、留意点やミス防止のアイデアを書き加えてアップデートさせましょう。**ミスしやすい箇所を重点的にチェックするためのリストを作る**のもいいですね。

マニュアルを作ると、仕事の内容をおさらいでき、理解が深まります。何よりお守りになって、あなたがミスしないように救ってくれるでしょう。

▼職場マニュアルへ発展させる

自分マニュアルは職場マニュアルへ発展させましょう。組織では、いつ、誰が仕事をしても同じ結果を出せるようにすべきです。

さらに**生産性を高めるマニュアルにするには、手順だけでは物足りません。ぜひ目安となる投入時間を書いてください**。実際にかかった時間と比べると、自分のペースが速いのか遅いのかがわかり、改善点があれば見いだせます。

マニュアルは一度作ったら終わりでなく進化させましょう。もっと効率的な方法に気づいたら、すぐさまマニュアルを直してください。

なお、**職場用のマニュアルはプリントアウトせず、データで保存し、クラウドや社内システムなどでアクセスできるようにしておく**ことがおすすめです。在宅やサテライトオフィスなど働く環境はさまざまなので、どこにいても仕事がはかどるようにしておきましょう。

マニュアルを作ると、担当替えや異動・退職が決まったときも慌てません。そのまま引き継ぎ書となるからです。どなたかに仕事を教えるときは、都度資料を作る必要がないので、ラクができますよ。

POINT

マニュアルは簡易なものでも十分に時短効果を発揮する。自分用を職場用に発展させれば職場全体の時短にもなる。

13
TIME SAVING HACKS

いろいろな場所で仕事をする

環境を変えれば生産性が上がる

静かに考えたいときはカフェ

音を出すときはシェアオフィス

難易度　慣れが必要
範囲　自分
効果　60分短縮

第2・第3のデスクを決める

ハイブリッドワークが主流となりました。ハイブリッドワークとは、出社する「オフィスワーク」と、自宅やシェアオフィスなどで働く「テレワーク」を組み合わせた働き方です。**出社せずとも仕事ができる場所の候補をあらかじめリストアップしておく**と、さまざまな場面で役に立ちます。

外出先で急に電話をかけたいとき、オンライン会議をすることになったとき、慌てて日帰りのホテルを検索したり、うろうろ歩いて探し回ったりするのでは時間をムダにしてしまいます。

駅ナカ・駅近のビルや商業施設などでは、「ビジネス用個室ブース」が設置されているところがあります。

スマホでちゃちゃっと予約すると、すぐさまひとり用オフィスを確保できます。パソコンや書類を広げて電話をかけるもよし、オンライン会議で堂々と声出しすることもできて便利です。

在宅勤務をすると家族の声や周囲の騒音が入ってしまい、オンライン会議に集中できない場合、会議の時間帯だけ「ビジネス用個室ブース」を予約するとよいでしょう。東京駅近辺のブースなどはいつも人が入っていて、ニーズの高さを感じます。

なお、カフェは本来お茶を飲むところですからテレワーク仕様ではありません。そのため、滞在時間の制限を設けたり、電話やオンライン会議を禁じたりしている店があります。

第2・第3のデスクの当てを付け、**自席以外でも成果を上げる人になってください**。

▼仕事の内容に応じて場所を変える

あなたが集中できるのは、どのような場所でしょうか。

会社で仕事をしなければならない場合も、誰にも邪魔されず、一人静かに仕事をしたいなら、自分のデスクにいるよりも、社内の一角にある仕切られたブースや小さな会議室を利用するといいかもしれません。電話が鳴る音や人の話し声から離れられるからです。

自席を離れるのは勇気がいることかもしれませんが、要は成果を上げればいいのです。そのかわり電話当番を決めるなどして、お互いに助け合うと、自分も心置きなく離席できるでしょう。

また、街を歩いたり、電車に乗ったり、お風呂に入ったりしたときにアイデアが浮かんだ、なんてことが、あなたにもあるのではないでしょうか。**アイデアを出すときは、デスクでじっと考えるよりも、あえてオフィスから離れる**のが得策かもしれません。

POINT

仕事をする場所を変えて成果を上げる。そのための場所をあらかじめ見つけておくとよい。

14
TIME SAVING HACKS

会議の進行表を作る

会議が1時間以内におさまり時間を有効に使える

テーマ「業務効率化」

議案	種別	時間	時刻
理想の働き方とは?	連絡	5分	15:00〜15:05
残業の実態	報告	8分	15:05〜15:13
改善策の提案と決定	審議	17分	15:13〜15:30

難易度　慣れが必要
範囲　自分＋他人
効果　60分短縮

会議の時短は事前の準備が決め手

会議は計画ありき。**事前に進行表を作りましょう**。「何を（議題や議案）」「何分で（時間）」「どこまで決めるのか（目標やゴール）」を可視化して、参加者全員に見せること。会議は何となく集まって、何となく始めてはいけません。

進行表に時刻を入れると、話の脱線を防ぐことができます。ある職場では、新入社員がタイムキーパーを務め、持ち時間を超えて話す人にベルを鳴らしていました。勇気ある新入社員が、役員にも臆することなくベルで知らせるそうですよ。ご立派！

会議には情報共有（報告や連絡）、アイデア出し、意思決定などの種類があります。右の図は意思決定が目的なので、種別の中の「審議」に時間をかけています。

「連絡」や「報告」は伝達事項ですから、メールを送ったり朝礼で話したりすればよし。会議では重要なポイントだけ手短に伝えましょう。

会議では人の話を肯定的に聞く

経営の神様と呼ばれる松下幸之助さん（松下電器産業［現パナソニック］創業者）は、著書『道をひらく』（ＰＨＰ研究所）で、朗らかに語り合い、談笑のうちにスムーズに会議を進めようと説いています。

そうはいっても会議に出ると緊張してしまうなら、出席するのが楽しくなるヒントをお伝えします。

まずは人の話を聞く姿勢です。メンバーの意見は途中で遮らず、最後まで聞きましょう。ディベートのように勝ち負けを決めたり、相手を論破したりしてはなりません。

大切なのは、どんな意見だろうと肯定的に受け取る姿勢。

だからメンバーの発言に対しては、「はい」「なるほど」「よい意見ですね」とまずは受け入れます。それから、自分の意見を付け加えたり、便乗したりしたいときには「さらに私の意見を加えると〜」とつなげます。

逆に異論を唱えるときは「ただ私はこのように考えます」などと、おだやかに話してください。前者の話法を「YES AND法」、後者を「YES BUT法」と言います。

ときどき感情のスイッチが入ってしまい、顔を真っ赤にしながら自己主張を通そうとする人や、気に入らない意見や他の参加者を攻撃する人がいます。そんなことをすると場を乱す行為となるので、レッドカードで退場を命じられるかもしれませんね。

準備をしてから建設的に話し合い、短い時間で、みんなが納得する結論を出しましょう。

POINT

事前に進行表を作り会議のムダを徹底的に省く。人の話を肯定的に聞くようにすれば会議はスムーズに進む。

15
TIME SAVING HACKS

ヒヤリ・ハットを記録する

大きなミスを防ぐことで時間のムダをなくせる

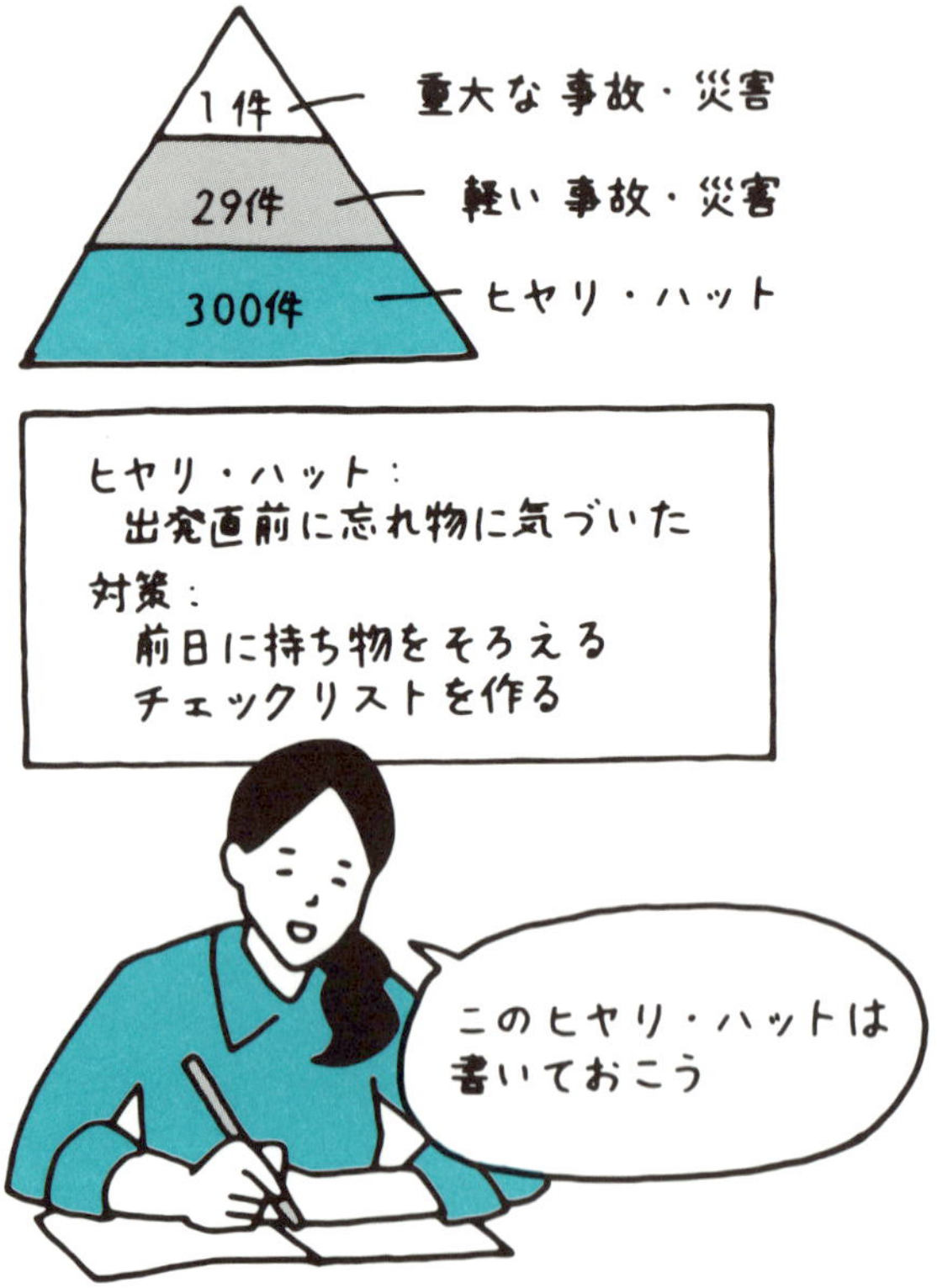
1件　重大な事故・災害
29件　軽い事故・災害
300件　ヒヤリ・ハット
ヒヤリ・ハット：
出発直前に忘れ物に気づいた
対策：
前日に持ち物をそろえる
チェックリストを作る
このヒヤリ・ハットは書いておこう

難易度　慣れが必要
範囲　自分＋他人
効果　30分短縮

大事に至る前に小さなミスに気づく

ミス防止に役立つ知識として、「**ハインリッヒの法則**」を紹介します。ハインリッヒは、この法則を発表した人の名前です。

彼はアメリカの損害保険会社に勤務し、工場の労働災害について調べました。1件の重大な事故や災害の裏には、29件の軽い事故や災害があり、300件のヒヤリ・ハットがあることに気づき、論文で発表したのです。ヒヤリ・ハットとは、事故や災害にはならなかったものの、文字通り**ヒヤリとしたりハッとしたりした出来事**をいいます。

この法則は労働災害の統計ですが、オフィスワークにも共通するところがあります。ミスをしたら、表面化した事象に目が行きがちですが、「それよりも前に小さなミスをしなかったかな?」「ヒヤリ・ハットはなかったかな?」と、今一度ふり返ってほしいのです。

ヒヤリ・ハットはむしろ〝宝物〟です。**「おっと危ない」の段階で異常を見つければ、ミスをする一歩手前で事なきを得ます**。

例えば、当日に支度をし、出かける直前に忘れ物に気づいたとします。今回は事前に気づけたので問題ありませんが、今後に向けて忘れ物をなくす作戦を立てましょう。「前日までに持ち物をそろえる」「持ち物チェックリストを作る」などの対策を考えておくのです。

▼修正点や改善点はその場で直す

提出する前、書類を何度もチェックしたのに、後から誤字脱字やケアレスミス、改善したい点を見つけることがあります。

私の場合ですと、研修やセミナーのテキストを作ることが多いのですが、登壇中にミスとは言えないまでも、「もっとわかりやすくするために次回は変更したい」箇所を発見することがあります。そのとき「帰ってから見直そう」「次の依頼があってからで間に合うだろう」と先送りすると、時間が経つにつれ記憶が遠のいてしまいます。

もしデスクに修正する書類を積み上げておいたなら、だんだん億劫にもなるでしょう。

気づいたらすぐにその場で修正！

これが基本です。できれば当日、遅くとも翌日にはデータを直してしまいましょう。**発表中や商談中であれば、相手に気づかれない程度に赤字や付せんで印をつけておき、デスクに戻ったらすぐに元のデータを修正してください。**

そして修正を終えたら、使用済みの書類とデータそれぞれに修正日を記録しておきます。するとと次回はミスを探す作業が減るのでラクになります。

ミスは早いうちに芽を摘んでおくこと。そして次回はノーミスを目指しましょう。

POINT

ヒヤリ・ハットを元にミスの防止策を講じる。ミスにその場で対処すると次回のミス防止に役立つ。

COLUMN

2 「帝国ホテル流」マイゴミ箱

帝国ホテルでは、お客様がチェックアウトした後もゴミ箱の中身をもう1日保管するサービスが話題になりました。大切なメモを誤ってゴミ箱に捨ててしまった宿泊客が、ホテルの対応に助けられたという逸話があるくらいです。

日ごろ「オフィスの整理整頓セミナー」を開いていると、参加者のみなさんからさまざまな悩みを聞きます。やはりモノが捨てられない人が多いのですが、少数派ながら「必要な書類まで勢いよく捨ててしまうので､困ることがあるんです」という人もいます。

そこで実践したいのが、マイゴミ箱を作ることです。「いらない」と思った書類やメモはいったんマイゴミ箱に入れ、1日〜数日間保管しておきましょう。入れるのは紙ゴミだけで、ペットボトルなどは入れません。

シュレッダーにかけたり、共有のゴミ箱に捨てたりした書類は元に戻りませんが、マイゴミ箱にあればセーフです。とくに下書きのメモ、経費を請求するレシートなどは誤って捨てやすいようです。マイゴミ箱の紙片が本当にゴミなのか、もう一度チェックしてから捨てましょう。

第3章

仕事を円滑に進める時間管理のハック

16

TIME SAVING HACKS

毎日ToDoリストを作る

優先順位をつければ
段取りよく仕事を進められる

難易度　すぐできる

範囲　自分

効果　60分短縮

▼仕事を洗い出し優先順位をつける

ＴｏＤｏリストとは、やるべき仕事を挙げたもの。これを毎日作りましょう。ＴｏＤｏリストでよく見かけるのは、思いつくままにやるべき仕事を並べたものです。作ること自体は立派ですが、残念ながら備忘録にすぎません。これにもうひと手間かけると、ＴｏＤｏリストはあなたを強力にサポートしてくれるものへと様変わりします。

ひと手間とは、**洗い出した仕事に優先順位をつけること**です。ぜひ「1、2、3」と番号を振ってください。そして、スケジュール表の空いている時間帯に、どの仕事を処理するのか、番号順に落とし込んでいきます。

優先順位が1番高いものは、できれば朝一番に時間を確保してください。午前中は頭が冴えていて集中タイムにもってこいだからです。夕方やろうとすると、前の仕事が押して先送りしてしまいかねません。残業すればいいと思っていても、長時間働けば疲れて集中力が途切れやすくなり、ミス注意報が鳴るでしょう。

優先順位の低いものや短時間でできることは、順位を書かずに書き出しておけば結構です。これはスキマ時間や待ち時間などを活用して処理します。

前日の帰る前、あるいは当日の朝の5分間をToDoリスト作りにあてれば、段取りよく仕事を進められます。たった5分でも効果は絶大です。

▼投入時間と結果を書く

さらに、ToDoリストを進化させる方法があります。

それは**投入時間を書くこと**です。やるべき仕事を挙げたら、どのくらいの時間で仕上げるかを予想します。始める時刻と終える時刻も決められるとなおよいですね。

このとき、適切な投入時間を決めることが大切です。「どれくらい時間がかかるか?」

ではなく「どれくらい時間をかけるべきか？」を考えましょう。時間をかける仕事とかけなくてよい仕事を見極めるわけです。

ただ、短い時間でやろうと計画を立てても、実際にはムリなことがあります。理想と現実がかけ離れないよう自分の標準時間を知る必要があります。

そこで、ＴｏＤｏリストに**実際かかった時間を記録しておく**と、だんだんと自分のペース配分がわかっていきますので、次回の計画に活かすことができます。

本来、**ToDoリストに書く仕事は適量であるべき**です。ムリな仕事量になると、ケアレスミスや納期遅延の可能性が高まるからです。自分が抱えられる仕事量とペース配分を知っておけば、平常心が保てるのでミス防止に役立ちます。

POINT

仕事を洗い出し優先順位をつけてから取り組む。投入時間と結果も書くと自分のペース配分がわかってくる。

17
TIME SAVING HACKS

仕事の優先度と緊急度を考える

やるべき仕事の時間を十分に確保できる

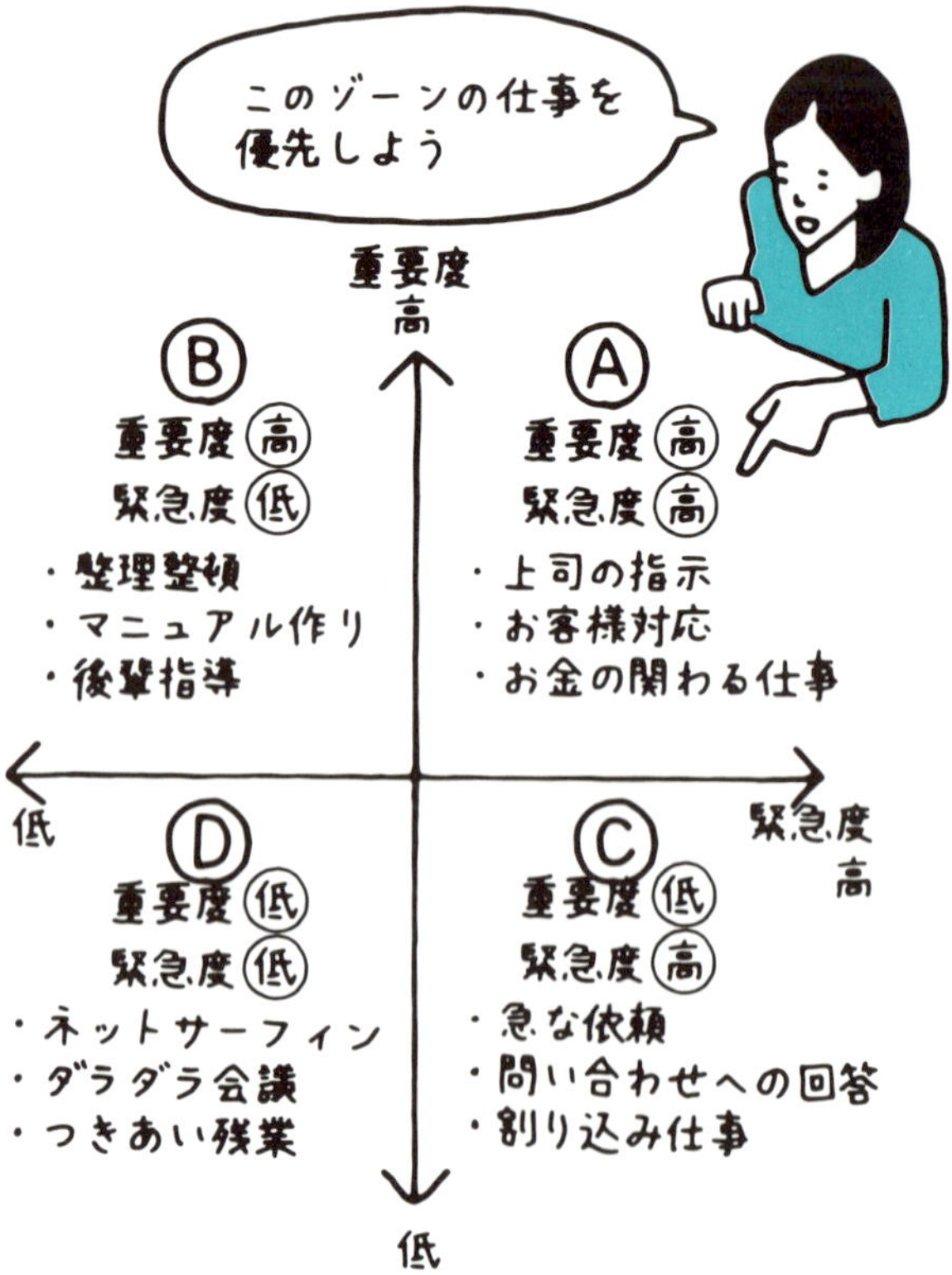

難易度	慣れが必要
範囲	自分＋他人
効果	60分短縮

優先順位は正しくつける

前項では仕事に優先順位をつけるお話をしました。では、優先順位はどのように考えればよいのでしょうか。

例えば、クレーム対応が後手に回り、さらにお客様を怒らせてしまう。上司から大事な仕事を頼まれたのに手をつけず、上司や関係者に迷惑をかける。

2つの失敗に共通するのは、すぐやるべきなのに後回しにしたこと。つまり優先順位のつけ方に問題があります。

優先順位は、重要度と緊急度の2軸で決まります。

右の図をご覧ください。重要度と緊急度の2軸を引くと、4つのゾーンに分かれますね。このマトリクスに、あてはまる仕事を分類しました。

仕事は重要度と緊急度、いずれも高いものからやる!

Aのゾーンにある仕事から手を

つけるのが、絶対的なルールです。

これらを終えてから、残った時間で他の仕事をしてください。

▼お客様ファーストを意識する

自分ひとりでできる仕事と、相手のある仕事をする場合、**相手のある仕事を優先します**。なぜかというと、ひとりでできる仕事は時間の融通がきくからです。ちょっとした空き時間を利用したり、どうしても終わらなければ翌日に回したりして、いつでも片づけることができます。

それに対して、相手のある仕事を後回しにすると、迷惑をかけてしまう恐れがあります。

基本的に、**最優先する相手はお客様です**。お客様なくして経営は成り立ちませんから、問い合わせや依頼があったらスピード感をもって対応してください。

「電話が鳴ったら3コール以内で出る」「メールはできるだけ当日中に返す」などの行動

は単なるマナーではなくて、スピード感ある対応をするためです。待たせる時間を減らし、お客様満足度を高めましょう。

また、**さほど急ぎではないと思われるような用件であっても、できるだけ早く対応すると会社や組織のイメージにはプラスです**。

「あの件はどうなっているの？」「いつ返事をくれるの？」といったお客様からの催促や、「いつまで待たせるのか！」「対応が遅いぞ」といったクレームを防ぐこともできます。

もちろん急を要する社内業務もありますので、場合によっては自分ひとりでできる仕事を優先する必要はありますが、基本的にはお客様ファーストでいきましょう。

POINT

優先順位の高い仕事から手をつける。お客様の問い合わせや依頼にはすばやく対応する。

18
TIME SAVING HACKS

My締め切りを設ける

不測の事態が起こっても締め切りを守れる

難易度　すぐできる
範囲　自分＋他人
効果　60分短縮

▼本来の期日の前に自分の締め切りを設ける

締め切りは、たいてい仕事の指示を出したり依頼したりする側が決めます。このデッドラインだけをスケジューラーに記すと、見落としたり、予想よりも時間がかかったりして遅れてしまうことがあります。

おすすめするのは、相手との約束だけではなく、自分と約束を交わすことです。つまり「My締め切り」を作るのです。

本来の期日の1日以上前にMy締め切りを設定し、その日までに仕事を完成させて、デッドラインより早く提出する作戦です。

作業も納期逆算方式で、前倒しでスケジュールを組んでください。予定表には着手する日、作業する日も書き入れます。いくつも予定を書くことで見落としを防ぎ、注意を喚起できるでしょう。

急な仕事が入ったり、病気になったり事故や災害に遭ったりと、予期せぬ出来事は誰にでも起こりえます。ですから、締め切りより前に提出する習慣を身につけてください。

締め切りに1日でも遅れるとプロ失格と言われますが、**1日でも早く提出すれば、「段取りがいいね」と褒められたり、「ありがとう」と言われたりします。**手持ちの仕事を1つでも減らすと達成感があり、ストレスも減りますよ。

作業ごとの締め切りを設ける

My締め切りに加えて、ミニ締め切りを作るのも時間管理に役立ちます。

例えば、請求書をExcelで作るとします。上司にチェックを依頼したり、先輩社員や同僚にダブルチェックをお願いしたりするのなら、相手の時間も必要となるので、「今すぐ」「今日中に」のお願いはできませんね。**「請求書送信」とだけスケジュール帳に書くと、間に合わなくなる恐れがあります。**

そこで、もし請求書送信日が毎月5日だとしたら、ミニ締め切りを設定します。

① 請求書作成……前月末日まで
② 先輩社員にダブルチェックをしてもらう……月初2日まで
③ 課長にチェックを依頼……月初3日まで
④ メールを送信……月初4日まで

これまで、ひとつの仕事につき締め切りをひとつしか決めていなかったら、今度から途中の締め切りをいくつか作りましょう。そうすることで前倒しして余裕をもって始められ、あとは落ち着いてプロセスの手順に従うだけでよし。周りの人にも喜んで協力してもらえ、進捗管理がうまくいき、遅延なくミスのない仕事ができます。

POINT

自分の締め切りを設け期日の前に提出する。作業ごとに締め切りを書いておくと的確に時間管理ができる。

19
TIME SAVING HACKS

プライベートの時間を確保する

プライベートを充実させれば仕事の能率もアップする

難易度　慣れが必要
範囲　自分
効果　60分短縮

▼プライベートの予定を先に入れる

水曜日や金曜日を「早帰りデー」に設定している企業があります。あなたの会社にもしなければ、自分なりの曜日を決めて、せめてその日は早帰りしましょう。

お手軽な早帰り作戦は、**週に1度、アフター6に予定を入れることです。ドタキャンしないよう目上や社外の人と会う約束を交わすか、スクールやジムに通うなど、お金のかかる計画を立ててください。**何がなんでも行こうとするため、仕事のペースが速まります。

有休は暇になってからとるのではなく、いつ休むのか、先に日程を決めます。上司に申請し、共有カレンダーに書いてメンバーにも周知しておきましょう。

仕事から離れる時間をもつことは、発想に広がりをもたせます。それが仕事にも反映し、ハイパフォーマーになれるのです。

▼上手に休む

仕事とプライベートは表裏一体。私生活が充実し、満ち足りたものであれば毎日が楽しくなり、また仕事をがんばろうという意欲が湧いてきます。

逆に毎日残業して疲れ果て、ダラダラと気力も出ないままでは休日も楽しめず、月曜の朝、仕事に行くのが億劫になってしまいます。

仕事で高いパフォーマンスを発揮するためには、しっかり休むことが欠かせません。

上手に休むためのポイントは2つあります。1つめは、前述の通り有給休暇をきちんととることです。これは、手帳やスケジューラーが空白のうちに予定を入れてください。暇になってから休もうとすると、予定が入ってしまい先送りしかねません。

2つめは、土日祝日などの**公休日（平日がお休みの人もいます）に仕事をしない**ことです。メールチェックや返信も含めてやらないようにしてください。

オンとオフの切り替えが大切です。

とくに大きな仕事の後は、〝ご褒美休日〟を用意しておき、〝目の前のにんじん作戦〟で乗り切りましょう。

そのためには、**あらかじめ手帳やノートに「ご褒美リスト」を作る**ことをおすすめします。「やりたいこと」「行きたいところ」「会いたい人」「ほしい物」などをリストアップしておき、特別な休日は、その中から選んで実行してみてください。満足度が上がりますよ。

一つひとつ自分の手で夢を叶えていくのは仕事をする醍醐味です。

さっそく休みの計画を立てましょう！

POINT

仕事よりも先にプライベートの予定を決める。休みの日にやることをあらかじめリストにしておく。

20
TIME SAVING HACKS

My営業時間を決める

「早帰りする人」と思われれば依頼が早めに来る

明日でいいですか?
・・・・
次の日
早めに
仕事を頼もう
・・・・

難易度	慣れが必要
範囲	自分＋他人
効果	60分短縮

就業時間外に仕事の予定を入れない

「仕事が終わるまでやる」「就業後にプライベートの予定を入れない」。この2つは仕事熱心な人にありがちですが、残業が恒常化すると、疲れがたまり集中力が下がります。

そこでMy営業時間を決めましょう。**基本は就業時間と同じにし、時間外に仕事の予定は入れないこと**。ひとりでする作業を含めてです。

18時終業の場合、もし17時以降に仕事を頼まれたら、「明日でいいですか？」と勇気をもって答えてください。急ぎでないメールが届けば、返信は翌日に回してよいでしょう。

そうして「早帰りする人」というキャラが浸透したらしめたもの。**指示や頼み事が前もって来るようになりますよ**。

すべての仕事を終えるまでやると、いくら時間があっても足りません。まずは、それぞれの仕事の投入時間を決め、時間が来たらやめてください。**過剰品質や過剰サービスはムダ**です。

▼1週間の始まりと終わりを空ける

スケジュールを1日単位で考えると、予定通りにいく日もあれば、割り込み仕事に翻弄されて終わる日もあります。

気分や体調が優れず、パフォーマンスが上がらない日だってあるでしょう。

そこでおすすめするのは、1週間をひとまとまりにとらえてスケジュール管理する方法。名づけて「1週間リセット術」です。やり方を説明します。

1週間の平日は5日間ありますが、**月曜日の午前中と金曜日の午後は他人との予定を入れず空けておきます**。

月曜の午前中は、前の週にできなかったこと、つまり繰り越したことをやりましょう。金曜の午後は今週やりたかったけれど、できなかったことをします。

それでも金曜日中に終わらなければムリをして残業せず、来週月曜日の午前中に時間はとってあるのだと気持ちをラクにして帰りましょう。

ただ、実際は毎週のように時間を空けるのは難しいかもしれません。その場合は、例えば2週間のうち1日を「他人との予定を入れない日」と決めてもいいでしょう。そこでバッファを作り、仕事の遅れを取り戻すのです。

うまく仕事と気持ちをリセットすると、週末をリラックスして過ごせますし、新たな気持ちで週をスタートさせることができるでしょう。

POINT

自分の営業時間を決め、能率よく仕事をする。月曜日の午前中と金曜日の午後はやり残したタスクを片づける。

21
TIME SAVING HACKS

自分と他人にアポをとる

集中する時間を確保すれば生産性が上がる

難易度　慣れが必要
範囲　自分＋他人
効果　60分短縮

▼集中して取り組む時間を確保する

手帳やスケジューラーに顧客訪問やら会議やらの予定をびっしり書き込んでいる人を見かけます。デスクにいる時間はほとんどありません。

それではたして仕事はうまく回るでしょうか。

営業職であれば、1件の成約をとるためには、お客様とメールでやりとりしたり、書類を作ったりといった準備が必要です。こういう時間をしっかりとっている人の方が、ただ忙しく歩き回っている人よりも営業成績がよかったりします。

では、自分の時間を確保するにはどうしたらいいのでしょうか。

やり方は簡単です。自分とアポイントを交わせばよいのです。

自分のスケジュールの中で、集中して取り組む時間をまず確保します。この時間帯は自分の仕事が最優先。よほど火急の用件でないかぎり、外からのアポイントも、打ち合わせも入れません。

これからは**自分とアポイントを交わして、他の予定が入らないようにブロックする**。こうしたメリハリの利いた時間の使い方を工夫することも、スケジュール管理のポイントのひとつです。

▼他人の予定もおさえる

うっかりミスを防ぐためには、他人の予定もおさえてください。

なぜかというと、仕事の多くは自分ひとりでは完結しないためです。

例えば、あなたが上司にお客様へ送る書類をチェックしてもらうとします。もし、あなたが締め切り当日になって書類を仕上げ、上司にすぐに見てもらおうと目論んだとしても、はたして快諾してもらえるでしょうか。

きっと上司は部下よりも忙しくしているはずです。プレイングマネージャーとして自分の仕事を抱え、部下をマネジメントし、会議や外出も多いとなると、すぐにその場で書類を見てもらえるとは限りません。もしくは、その日は休暇をとっていた……なんていうこともありますから、その時点で納期遅延となってしまいます。

あなたに都合があるように、上司にも都合があります。締め切り間際の仕事に追われることもあれば、体調が悪いこともあるでしょう。

ですから、**人と一緒に仕事をする以上、あらかじめ相手の都合を知っておくことが大切です**。日ごろから上司の予定を把握し、前もってお願いすれば、きっと快く協力してもらえるでしょう。

POINT

自分とアポをとり集中して仕事をする時間を確保する。他人の予定をおさえ仕事の遅延を防ぐ。

22
TIME SAVING HACKS

時間帯によって仕事を変える

体内リズムに合わせて仕事をすると能率が上がる

難易度　慣れが必要
範囲　自分
効果　30分短縮

1日の時間を3等分する

人の体内リズムは一定ではありません。同じ仕事をするにしても、時間帯が違うだけで、はかどることもあれば、集中できずにダラダラ続けてしまうこともあるからです。

朝9時から夕方6時まで働くとしたら、お昼休憩を含めて9時間あるので、それを3等分してそれぞれ向いている仕事をご紹介します。

まず、**9～12時は電話やメールも少なく、集中してデスクワークに取り組める**貴重な時間帯です。ランチタイムが近づくと、グ～ッとお腹が鳴ることもありますが、空腹になると頭が冴えるので、ぜひ自分ひとりで考える仕事をしてください。

続いて、**12～15時はランチを含めて人と話したり、体を動かしたりする仕事**がおすすめです。満腹になると眠気が増すのは、消化するときエネルギーを使うから。集中力が散漫になりやすいので、打ち合わせや移動、力仕事などに費やすといいでしょう。

最後に、**15〜18時は、定型業務やたまった雑務を処理する**時間帯に向いています。疲労感もありますが、定時が近づくにつれ「早く帰りたい」という気持ちが後押しし、スピードが加速するからです。

達成感を味わって1日を締めくくりましょう。

▼1時間単位で仕事をリセットする

パソコンのディスプレイを使って長い時間作業をすると、気づかないうちに体に負荷がかかってしまいます。そこで、**1時間単位のリセット術**を取り入れてはいかがでしょう。

1時間の内訳は、**「パソコン操作40分」「休憩10分」「準備10分」**です。つまり40分作業をしたら10分休憩をします。休憩中は遠くを見たり、軽いストレッチをしたり、コーヒーを飲んだりしてリフレッシュします。

休憩を終えたら、次の10分は準備にあてます。

10分は5分ずつに分けて、はじめの5分は片づけタイム。デスクの使い終わったものを元の位置に戻します。残りの5分は計画タイムにあて、次の40分の段取りを確認します。

1時間単位のリセット術を取り入れるメリットは、メリハリがつけられるようになることです。**40分で成果を出そうとするので集中力が高まり、集中しすぎても休憩をとってリフレッシュできます。**

このような自分なりの作業のサイクルを決めると、ムリせず、ムラなく継続して成果を上げられることでしょう。

POINT

1日を3等分しそれぞれに向いた仕事をする。
パソコンの作業は1時間単位でリセットすると集中力が高まる。

23
TIME SAVING HACKS

暇な時期に仕事を仕込む

忙しい時期もラクになり仕事のムラがなくなる

不要なデータを削除する
書類を整理する
書類をシュレッダーにかける

難易度　すぐできる
範囲　自分
効果　30分短縮

業務を平準化する

忙しい時期と暇な時期があれば、その差をなくし、毎日の仕事量をほぼ一定に保つ。これを「**業務の平準化**」といいます。

「業務の平準化」は、ムダ・ムラ・ムリをなくすことです。ムダ・ムラ・ムリは、「3M」や「ダラリの法則」と呼ばれ、仕事がうまくいかない原因となります。

暇になって時間をもて余すのは、ムダ。忙しくなって仕事量に対して時間が足りないのは、ムリ。ムダとムリがある状態をムラといいます。

業務を平準化すれば、この「ムラ」をなくせます。

月末は忙しく、月初は落ち着くのであれば、月初に書類やデータの整理整頓をしたり、仕事のやり方を改善できないかアイデアを練ったりするとよいでしょう。

閑散期は仕込みをするチャンスです。

私の場合、例年もっとも暇なのは8月です。夏休み中は、各社から研修の依頼が少ないためです。そこで8月を「片づけ月間」にしています。

先代のパソコンを処分したり、不要なデータや書類を廃棄したり、まとめてシュレッダーにかけたりして、普段やりたくても手付かずだったことをしています。

暇な時期は、いつかやろうと先延ばししたことに手をつけましょう。すると忙しい時期がラクになりますよ。

スキマ時間のメニューを作る

「暇な時期なんて一年中ありません」というあなたはスキマ時間を使ってください。外出先で打ち合わせが予定より早く終わってしまい、次のアポまで30分ほど時間を潰すとき。移動中の電車で揺られる15分。はたまた会議に出席するため10分前に席に着いたとき。

これらの時間を有効に使えば、ミスのチェックにあてたり、段取りを再確認したりできます。

そのためには、時間が余ってから「何をしよう」と考えるのでなく、**あらかじめ5分・10分・15分・30分の単位で、できることを決めておきましょう。**

5分あれば手帳やToDoリストを見返す、メールをチェックする。10分あれば電話をかける、新規のアドレス登録をする。15分あればメールを返信する、新聞や雑誌を読む。30分あれば日報を書く、ノートを整理する、英語の勉強をするなど。

5分＋10分＋15分を組み合わせて30分にすることもできますね。

できることを挙げたら、レストランのメニューのように見やすく分類し、手帳やスマホに記録して持ち歩きましょう。実際にスキマ時間ができたなら、メニューから「やること」を選べばいいのです。

POINT

暇な時期やスキマ時間に仕込み、業務を平準化する。あらかじめスキマ時間にやることを決めておくとよい。

24
TIME SAVING HACKS

やりたくない仕事を先にやる

あとの仕事がラクになり一日を爽快に過ごせる

難易度　すぐできる
範囲　自分
効果　30分短縮

気の重い仕事から手をつける

人間はできればラクをしたいと思う生き物です。ですから、あなたも優先順位というより、手をつけやすい仕事から始めてしまうことがあるのではないでしょうか。

テキパキと仕事を片づけるコツは、**やりたくないと思っている仕事を、まずやってしまうこと**です。それは期限が迫っている仕事かもしれませんし、期限にはまだ余裕があっても、重要な仕事なので「早めにやらなくちゃ」と思っている仕事かもしれません。

他には、苦手な仕事や面倒な仕事といった、気持ちのうえで、できればやりたくないと思っている仕事も含まれるでしょう。

例えば、上司から指示された仕事があるとします。その仕事の提出が遅れると、「時間はたっぷりあったはずなのに間に合わなかった……」ということになりがちです。遅れを取り戻そうとして仕事をすると気持ちは焦り、ミスを多発するなどして品質は期待できません。

どうせやらなければならないのですから、**気の重い仕事、気分が乗らない仕事こそ朝イチで片づけてしまいましょう**。

その後に好きな仕事や、手慣れた定型業務などをもってくると、爽快な気分で一日を過ごせるでしょう。

▼ポジティブになれる仕事を用意する

気持ちが乗らないときは、前向きになれる仕事を用意しましょう。

例えば、飛び込み営業やテレマーケティング、クレーム対応があり、「やりたくないな〜」と感じているとします。これらを一日中続けていると気が滅入るので、「やりたい！」と思える仕事を予定に加えます。さらに、これを手慣れた定型業務とします。

「やりたい」「やりたくない」の両方の仕事があるとバランスをとりやすくなります。

緊張してドキドキする予定があったら、そこに心がワクワクする仕事を加えるのもいいでしょう。

上司と面談する約束があり、ドキドキ緊張していたら、気が合う後輩に仕事を教える時間をとります。後輩と過ごす時間がワクワク楽しみになって、「上司との面談を乗り切ろう！」と前向きになれそうです。

または、新規顧客A社を初めて営業訪問するのが不安でいっぱいなら、リピートしてくれるB社にフォローの電話をする予定を同じ日に入れます。

このように**ポジティブに取り組める仕事を用意しておき、ネガティブな感情をコントロール**して乗り切りましょう。

POINT

やりたくない仕事を朝イチに片づければ一日をラクに過ごせる。やりたい仕事とセットにすると前向きに取り組める。

25
TIME SAVING HACKS

仕事の混雑を予想する

忙しさのあまりミスする
という事態を防げる

難易度　慣れが必要
範囲　自分
効果　30分短縮

「仕事の混雑予報」を立てる

仕事が立て込んでくると、思わぬミスをしがち。そこで、「仕事の混雑予報」を立ててみてはいかがでしょう。

手帳やカレンダー、Googleカレンダーなどに仕事の予定が書いてありますね。天気予報をするイメージで、予定を俯瞰しながら混雑予報を立てましょう。天気予報で翌日が雨だったら傘を用意するのと同じで、仕事も傾向と対策を考えることによって、ミスをする確率を低くするわけです。

例えば、「顧客訪問」という予定が入っていれば、その日は忙しくなりそうと予想できます。そこで、「★★」のように**忙しさの程度に合わせて星印を書いておきましょう**。「定例会議」と「商談2件」が同じ日に入っていたら、星印は3つ付けてもいいかもしれません。「連休明け、顧客から連絡がありそう」のように、予定ではないけれど、忙しくなる出来事が起こりそうなら、それも書き込んでおきましょう。

これを繰り返して習慣化できれば、先読み力も鍛えられるでしょう。するとと先が見えないから慌ててミスをしてしまう、ということがなくなり、行動が変わってきます。先読みをもとにした対策ができるのです。

例えば、毎年恒例のイベントがあるとします。「去年の今ごろは忙しくて慌ててしまったから、今年は少し早めに進めておこう」というように。

つまり、誰に言われなくても**自分から進んで前倒しで仕事を進めることができる**ようになります。

「仕事の混雑カレンダー」を作ってみる

前述のような「仕事の混雑予報」をするのは、慣れるまで難しいかもしれません。そこで、まずは「仕事の混雑カレンダー」を作るのはどうでしょう？

やり方は簡単。一日の仕事が終わったら、手帳やGoogleカレンダーなどに、**その日の混雑度を「①ちょっと忙しい」「②忙しい」「③かなり忙しい」の3段階で数字をメモしておきます**。つまり、混雑度を「予報」するのではなく「記録」するわけです。「混雑カレンダー」という名前の通り、忙しかった日だけ記入すればいいでしょう。無難に仕事をこなせた日などは書かなくてOKです。

混雑度に加えて、もう1つ書いてほしいことが。忙しかった日は、一言でいいので、その**出来事や要因も書いておきましょう**。「顧客からの問い合わせ対応に追われた」「作成した資料がやり直しになった」など、忙しかった原因や時期が記録されていると、「仕事の混雑予報」にも役立ちます。

POINT

仕事の忙しさを予想しカレンダーに書いておく。仕事の混雑度を記録しておくと「混雑予報」に役立つ。

26
TIME SAVING HACKS

「スモールステップ」で進める

時間のかかる仕事も着実に終えられる

仕事を小分けにすると取り組みやすくなる

難易度	慣れが必要
範囲	自分
効果	30分短縮

▼仕事を細かい工程に分ける

「スモールステップ」とは、米国の心理学者バラス・フレデリック・スキナー氏が開発した理論です。彼は、**大きな目標を成し遂げるためには、小さな目標に細分化する**ことを提唱しました。

いきなり大きな目標を掲げてしまうと、「そんなの無理」と諦めたり、逃げたくなったりするかもしれません。一方、小さな目標なら、取り組みやすくなります。終わったら、達成感を味わうこともできます。

目標を達成するためには、モチベーションを維持することも大切です。

スモールステップでは、「ここまでできた！」「よし、次の一歩もがんばろう」と意欲が湧きやすくなる効果もあります。

やり方は簡単。まずは、仕事を細かく分けて、やることや手順を書き出します。次に、それぞれの工程にどのくらい時間をかけるのかを見積もります。

工程に分けることで、**仕事の高い山がいくつかの低い山に分散されてハードルが下がり、取り組みやすくなります**。仕事が終わったら、計画と実際にかかった時間を比べて、もっと時短になる方法はないかな、と改善方法を探ることもできます。

▼「スモールステップ」の例

「スモールステップ」で計画を立てる方法について、例を挙げて説明します。

例えば、「提案書を作る」という仕事があるとします。この段階では、時間のかかりそうな大きな仕事に思えますね。

そこで、この仕事を細かい工程に分け、さらにそれぞれの作業時間も見積もってみます。

例えば、「ノートを読み返し、お客様の要望を確認する（5分）」「アイデアをノートに書き出す（15分）」「テンプレートを使い、提案書をPowerPointで作る（30分）」「セルフチェックし、ミスがあれば修正する（10分）」などとなります。

「提案書を作る」というだけでは気が重い仕事に思えましたが、工程に分けてみると、一つひとつはそれほど難しい作業ではないことがわかります。

また、工程と所要時間を書き出すことによって、**時間を適切に見積もっているか、ムダな作業をしていないか、もっと時間を短縮するアイデアはないか**、といったことも確認しやすくなるわけです。

後回しにしがちな面倒な仕事、時間のかかりそうな仕事は、ぜひ「スモールステップ」で取り組んでみてください。

POINT

大きな仕事は小さな工程に分けると取り組みやすくなる。

COLUMN

3 帰り際に5分だけ手をつける

やらなくちゃと思いながら、先送りしてしまう仕事はありませんか？　期日が迫ると、気持ちばかり焦ってしまい、気づいたときにはお手上げ状態……。あ～逃げ出したい。

そのようなときは、帰る間際に5分間だけその仕事を進めてみてください。

「たった5分でいいの？」と思ったあなた。いいんです。ムリをして一気にやったり、残業したりしてはいけませんよ。重い腰を上げることが目的で、5分やることに価値があるのですから。帰り道はストレスが減り、気持ちが少しラクになるのを体感できると思います。

これはゼロから始めるのと、続きをやるのとでは、立ちはだかる壁の高さがまるで違うからです。

それに、人はやりかけのことが気になるものです。「乗りかかった船」という言葉がありますが、これまで憂鬱で遠ざけていたのが嘘のようにエンジンがかかります。こうしよう、ああしよう、とアイデアも浮かんでくることでしょう。

たった5分の力は大きいので、ぜひお試しください。

第4章

手戻りをなくす
コミュニケーションのハック

27
TIME SAVING HACKS

誤解しないように伝える

やり直しがなくなり
仕事が円滑に進む

難易度　慣れが必要
範囲　自分＋他人
効果　30分短縮

6W3Hでお願いする

仕事の指示をする側が「細かく言わなくてもわかるでしょ」と言葉を端折ると、**受け手の判断にゆだねることになり、期待した通りに仕事が出来上がってこない**ことがあります。

そうなると、仕事をやり直してもらうことになり、指示した人の作業はストップ。自分が代わって引き受けたりと、いずれにしても計画が狂います。

仕事を頼むときは、6W3Hを使いましょう。「誰が（Who）」「誰に（Whom）」「何を（What）」「いつ（When）」「どこで（Where）」「なぜ（Why）」「どのように（How）」「いくつ（How many）」「いくら（How much）」を伝えるのです。

例えば、「何を（What）＝商品Bの資料を」「なぜ（Why）＝A社へ提案するため」「いくつ（How many）＝A4サイズ1枚」「いつ（When）＝10月7日の15時までに」などと言えば、誤解を与えないはず。コミュニケーションミスは、片方に責任があるとは言い切れませんので注意しましょう。

▼主観ではなく客観で伝える

上司から「あの件どうなってる?」と質問されたら、「あの件って何ですか?」と聞き返したくなります。同僚から「それとってくれる?」と頼まれたら、「それ」がわからなくてキョロキョロしそうです。

「これ/その/あちら/どれ」といった言葉を「**指示語**」や「**こそあど言葉**」と呼びます。相手に正しく伝わらないことがあるため、使うときは気をつけてください。

仕事では情報を正確に伝えることが大切です。そのためには**主観ではなく客観で表現してください**。

主観的な意見は、これまでの経験や知識、考え方をもとに価値判断を下しています。同じ事象であっても受け取り方は人それぞれ違います。例えば、「大きい/小さい」「高い/安い」「よい/悪い」「できるだけ早く」などの主観的な言葉は、誤解が生じやすいのです。

一方、客観的な事実は誰もが否定できない事象そのものです。受け取り方はみな同じなので、コミュニケーションミスが起こりにくくなります。

では、どうしたら客観的な事実を伝えることができるでしょうか。

それは**数字を使う**ことです。例えば、「朝早く」は「午前9時」、「今週いっぱい」は「11月15日（金）18時必着」というように数字を入れて伝えるようにしましょう。

ただし、「君はどう思う？」と意見を求められることもあります。

その際は「私の意見ですが」「個人的には」と前置きするなどして、客観的な事実と区別して主観的な意見を伝えます。

POINT

仕事をお願いするときは6W3Hを伝える。
数字を使えば客観的になり相手に誤解されにくくなる。

28
TIME SAVING HACKS

結論を先に伝える

言いたいことを
短い時間で正確に伝えられる

難易度　慣れが必要
範囲　自分＋他人
効果　30分短縮

報告は「PREP法」で伝える

PREP（プレップ）法をご存じでしょうか。これは会話や文章を簡潔に説得力のあるものにする構成方法で、4つの英単語の頭文字を組み合わせた言葉です。

最初のPはPointで「**結論**」を伝えます。次のRはReasonで「**理由**」を述べます。3つ目のEには2つ意味があって、Evidence「**証拠**」とExample「**実例**」です。どちらかを入れます。最後はもう一度PでPoint「**結論**」を念押ししてください。

「A社のプレゼンで当社が勝ちました。勝因は課題解決力だそうです。担当の鈴木様から届いたメールをご覧ください。これよりA社の仕事に着手します」

このように結論を先にすると、短い時間で大事なことを伝えられてムダがありません。だから聞き手を満足させます。

そうはいってもPREP法をすぐにマスターするのは難しいかもしれませんので、もっと簡単にできるワザをお伝えします。それは、**前置き言葉として、「結論から申しますと」を口癖にする**ことです。こう切り出せば、結論から入る以外ありえませんね。

また、「今日お伝えすることは3つあります」と最初に告げ、「1つめは〜、2つめは〜、3つめは〜」のように展開させていく方法も有効です。

▼変更や修正は「対比法」で伝える

約束した日時を変更したり、資料の修正や差し替えをお願いしたりするときは、「**対比法**」を使いましょう。対比法とは、何かを伝えるときに、別のものと比べる方法です。比較すると、両者の違いがはっきり認識できるため、勘違いを防ぐことができます。

ポイントは**ビフォーとアフターの2つをセットにして伝える**ことです。「何を」「何に」変えるのかをハッキリさせると誤解を生みません。

メールで添付ファイルを送った後、間違いに気づいてファイルを再送することがあります。ファイルを修正するとき、ファイル名を変えずに「上書き保存」したものを相手に送ると、受け取った相手は、正誤の区別がつけにくいものです。

例えば、ファイル名「チェックリスト」という書類を作り、メンバーに送ったとします。送ってから間違いを発見し内容を修正した場合は、「チェックリスト_2」のようにファイル名を変えるとよいでしょう。そして**「『チェックリスト』を『チェックリスト_2』に差し替えお願いします」と伝えれば、受け手は混乱しません**。日程を変更するときは「変更前：11月13日（水） 変更後：11月20日（水）」などと並べて書きます。

変更や修正は対比法を使い、違いをハッキリと伝えましょう。

POINT

「PREP法」を使えば大事なことを短時間で伝えられる。「対比法」で変更や修正を伝えれば勘違いを防げる。

29
TIME SAVING HACKS

3割できたら報告する

労力や時間が
ムダになるのを防げる

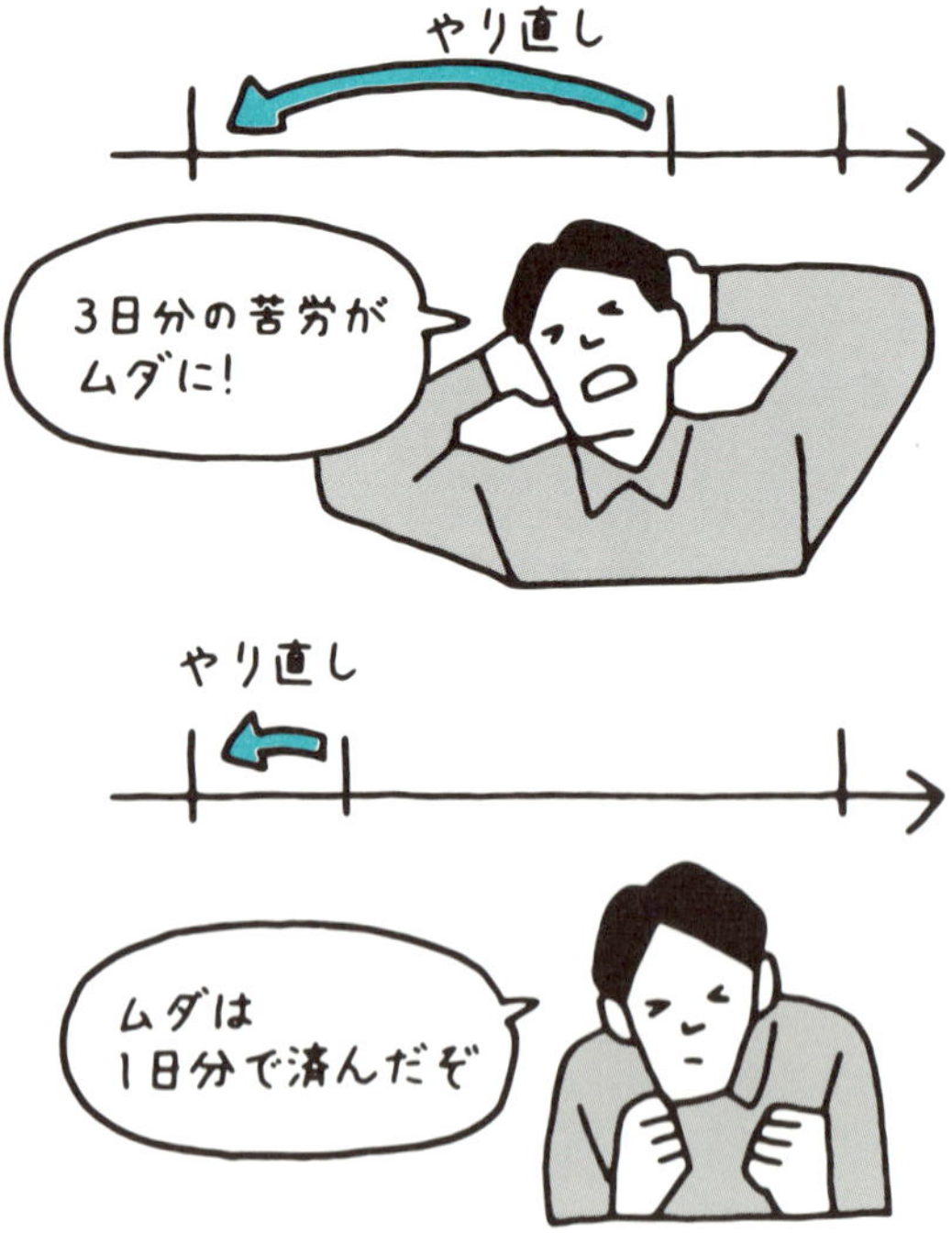

難易度	すぐできる
範囲	自分＋他人
効果	60分短縮

時間のかかる仕事ほどこまめに立ち止まる

仕事は指示に始まり、報告に終わります。

ただし、終わってから報告するだけでは、うまくいかない仕事もあります。

数時間から数日間かかる仕事ならば、途中で報告や確認をするのが段取りがよい人のやり方です。作業工程のいくつかのポイントで、指示をした上司や相手に進行中の書類などを見せて、イメージと合っているか、このまま進めていいのかを確認しましょう。

作業工程のいくつかのポイントとは、**仕事を始めて3割くらい進んだタイミングで1回目の確認をとる**といいでしょう。5割済んだところで中間報告せよ、と教える人もいますが、段取りのためには3割をおすすめします。

もしやり直しになったら、早ければ早いほど労力と時間がムダにならないからです。

「ここまで進みましたが、いかがでしょうか」と確認し、「その調子で進めてよ」とGOサインをもらったら、安心して作業を再開しましょう。

2回目は5割くらい、3回目は7～8割くらい済んだ時点で、というようにこまめに確認をとるとうまくいきます。

▼締め切りに遅れそうなら早めに相談する

社内で進める仕事は、たった一人では完結せず、前後に他人が関わる工程があります。例えば、営業部のアシスタントAさんが見積書を作るとします。

なぜ見積書を作るかといえば、その前に営業担当者Bさんがお客様に提案をしたからです。

Aさんが見積書を作った後も、見積書をBさんに渡したり、上司に見てもらったりしてから、お客様の手に渡るでしょう。

社内の仕事は、事情さえ話せば少し期限を延ばしてもらえる可能性があります。ただ、相手はあなたからの仕事を待って、次の工程に進まなければなりません。

あなたひとりの仕事が遅れたために、チーム全体の業務が停滞してしまっては困ります。

そこで**万が一遅れそうなときは、締め切りよりも前に次の工程の人に相談し、いつごろできそうか目途を伝えましょう**。そして、できたところまでで構いませんので、いったん確認してもらうのです。そうすると次の工程の人は完成形をイメージしたり、おおよその方向性を把握したりできます。

また、待つ間に別の作業を前倒しで進めておくなどして、対策を立てやすくなります。

大切なのは、ヘルプのサインを早めに出すこと。社内で協力しあって、お客様との約束は守りましょう。

POINT

仕事が3割進んだところで依頼者に確認をとる。締め切りに遅れそうなときは早めに相談すると仕事が円滑に進む。

30
TIME SAVING HACKS

お願いや頼みごとに即答しない

思わぬトラブルが起こるのを防げる

難易度　すぐできる
範囲　自分+他人
効果　60分以上短縮

▼誤った情報を伝えれば大きな損害を被ることも

お客様から質問されたりお願い事をされたりしたとき、すぐに返事をしなければと焦り、即答してしまうことってありませんか？

即答した内容が正しければよいのですが、もし誤っていたとしたら……。**謝って発言を撤回し、お客様に納得してもらうまで時間がかかってしまう**でしょう。

私はかつて保険会社に勤務し、損害サポート部で自動車事故に遭ったお客様の示談を担当しました。事故に遭ったお客様から一番多く受けた質問は、「保険金が支払われますか？」です。

実は、保険を契約していても、すべての事故で保険金が支払われるわけではありません。契約内容や事故の状況によっては、対象にならないものがあるためです。

本当は保険金が支払われない事故なのに、担当者が「保険金を支払います」とお客様に即答してしまったら、大変なことになります。再度お客様に連絡して「やっぱり保険金は支払いません」と伝えなければならず、怒りを買ったり信頼を失ったりするのは目に見えています。

クレームになれば1次対応、2次対応と時間がかかります。一度失った信頼を取り戻すには、もっと時間がかかります。

「わからない」のは、恥ずかしいことではありません。

わからないのに知ったかぶりをして誤ったことを伝えるよりも、時間をかけて正しい情報なり判断なりを届けるのがプロです。

▼電話の場合は折り返す

電話の場合はいったん切って、正しい回答を用意してから、かけ直しましょう。言葉づかいは、次の通りです。

・「恐れ入りますが、お調べする時間をいただけますでしょうか」
・「私の一存では決めかねますので、上席に確認をとりましてからご回答いたします」
・「○○様のご用件をいったんお預かりしてから、お返事したいと存じます」

そして、可能であれば、**電話を折り返す予定時刻を伝えて、「よろしいでしょうか」と確認します**。折り返す予定時刻は、遅めに見積もってください。理由は、思いのほか時間がかかることがあるためです。急いで「10分後」と伝えてしまい、その時間を守れないと、気持ちが焦って慎重さを欠くことに。

それに「遅いよ」とクレームになっては困ります。

「急がば回れ」の言葉通り、遠回りをしてでも結果的に時短につなげましょう。

POINT

トラブルを防ぐためにも質問やお願い事に即答しない。電話は、正しい回答を用意してからかけ直す。

31
TIME SAVING HACKS

メールよりチャットやLINEを使う

やりとりが速くなり仕事の効率が上がる

メール
チャット・LINE
・書くのに手間がかかる
・相手が読んだかわからない
・やりとりが簡単
・相手が読んだかすぐわかる

難易度　すぐできる
範囲　自分＋他人
効果　30分短縮

便利なメールにもデメリットがある

テレワークの浸透もあり、人とのやりとりは電話よりもメールが主流となりました。メールは場所や時間を問わず、都合のよいときに送れたり読めたりします。受け取った人は仕事を中断せずに済むのも支持される理由でしょう。

ただ、メールにはデメリットがあります。2つほど挙げると、まずは**書く時間がかかる**ことです。私は日ごろ、メールの書き方について研修やセミナーをしていますが、受講者の8~9割は書くことに苦手意識をもっています。

その原因のひとつとして、LINEやSNSなどで短文のやりとりに慣れていることが挙げられます。そのため、メールを書くとなると身構えてしまい、あれこれ頭を悩ませるうち時間がかかってしまうようです。

メールの2つ目のデメリットは、**相手に読んでもらえたかどうかがわからない**ことです。

相手に正しく届いたのか、開封してもらえたのか、文面を読んでくれたかどうかが一切見えないため、返信をじーっと待つことになり、次の工程へ進めません。

▼チャットやLINEならやりとりがスピーディーに

そこで提案。可能なときは、チャットやLINEを使いましょう。単刀直入に用件を伝えることができます。

チャットやLINEを使う最大のメリットは、相手が読んだかどうか、「未読」「既読」が一目でわかることです。「既読」がつけば、証拠にもなりますね。

読み手にとっても返信は短文でよいので、クイックレスポンスをもらえる確率は高まります。つまり、お互いにスピーディーなやりとりができるのです。グループ登録をすると、複数名とのやりとりの効率も上がります。

なお、企業によっては「わかりました」や「了解」を伝えるとき、「いいね」マークをつけて文章は書かないなど、時短のルールを決めています。

そうやってマークやスタンプを使って、楽しみながら仕事をするのもいいですね。

社外の取引先やお客様にはメールを送るのが一般的かもしれませんが、**状況や相手に応じてフレキシブルに対応するとよい**でしょう。

取引が長かったり、親しく話せる間柄の人がＬＩＮＥをしていたりしたら、「ご迷惑でなければ、急ぎのときなどはＬＩＮＥでやりとりしてもよろしいですか？」と切り出してはいかがでしょうか。

仕事の用件は基本的にはメールにし、急ぎのときや外出先でのやりとりはＬＩＮＥにするといった使い分けをすると、スピーディーに連絡を取り合えると思います。

POINT

メールは書くのに時間がかかり、相手が読んだかもわからない。ＬＩＮＥやチャットにすればコミュニケーションの効率が上がる。

32

TIME SAVING HACKS

足を運ばずオンライン会議にする

移動や準備などの時間が大きく削減できる

オンライン会議の時短効果は大きい

1回目は足を運ぶと丁寧さが失われない

難易度	すぐできる
範囲	自分＋他人
効果	60分以上短縮

オンライン会議なら間違いなく時短が実現する

オンライン会議をすると、**移動や出張せずとも、パソコンの画面上で顔を合わせたり、書類を見せたりできる**ので、間違いなく時短が叶います。

私もこれまでは、お客様との打ち合わせがたった1時間だったとしても、往復3時間以上かけて訪問するといったことがしばしばありました。1時間の打ち合わせのために、4時間費やしていたのです。

内心では、「ドラえもんのどこでもドアがあればいいのになぁ」なんて思ったりしていましたが、無理だと諦めていたことを実現してくれたのが、オンライン会議です。

あなたの職場でも、場所の離れた支店の人たちとオンライン会議で顔合わせや意見交換をしているかもしれません。

今後も可能なときは、オンライン会議を積極的に活用してはいかがでしょうか。

1回目は訪問しオンライン会議を提案する

ただ、営業などをする際に、何でもかんでも時短で、ラクな方法を選べばいいのか、というと一概にイエスとは言えません。丁寧さの順位は、1番目が訪問だからです。

そこで**1回目は足を運んで挨拶をし、2回目の訪問に備えて「次回からオンライン会議に代えてもよろしいでしょうか？」と提案する**のがよいでしょう。

理由を伝える際は、「移動時間がもったいないから」「自分の時間がほしいから」と言っては、もちろんダメ。「毎回訪問すると、会議室を整えたり、お茶を出してくださったりしてお手間をおかけしますので」などと、相手のメリットを強調するようにしてください。

なお、オンライン会議のツールには、Zoom、Teams、Webexなどさまざまあり、組織によって使うものが異なります。どれにするかを確認し、お客様が快諾してくれたら、次回の打ち合わせについて、こちらから招待メールを送ってリードしていきましょう。

また、**オンライン会議がスムーズに運ぶよう、事前準備やリハーサルをしておく**と安心です。有線LAN、Wi-Fiなど安定したインターネット接続環境にし、カメラやマイク、スピーカー（イヤホン）を前もってテストしましょう。

いざ会議が始まって画面を共有するときは、メールや書類が開いたままだと、お客様に丸見えとなり、情報漏洩の心配をもたれかねませんので、必要なものだけを開いておき、お客様の入室を待ちます。

開始時間直前になってアタフタして時間を奪われないよう、スマートな進行で時短と信用を手に入れてください。

POINT

時短を実現するためオンライン会議を積極的に活用する。丁寧さを失わないよう1回目は訪問するのがよい。

33
TIME SAVING HACKS

連絡手段の優先順位を聞く

相手の都合を尊重でき緊急時にも適切に対応できる

相手の都合のよい連絡手段を確認する

別の手段で連絡する了承を得ておく

難易度　すぐできる
範囲　自分＋他人
効果　60分短縮

▼複数の連絡手段を確認しておく

社外の人と仕事をするときは、連絡手段の優先順位をたずねましょう。いただいた名刺には、住所などの情報が書かれていますよね。メールアドレス、会社の固定電話、携帯電話など、連絡手段がいくつかある中で、どれに連絡したらよいのかを直接聞くのです。優先順位を聞いておけば、いざ連絡するときに迷いません。

もし1位がメールだとしたら、基本的にメールで連絡をとりましょう。そうはいってもメールが届かなかったり、緊急の場合もあったりしますから、**2位以下の手段を確認して、「そちらへも連絡してよろしいですか？」と了承を得ておきます**。

デスクに戻ったら、いただいた名刺に優先順位の番号を振っておくと便利です。

以前、雑誌の取材を受けたときのこと。記者が失敗談を吐露してくれました。取材を受けてくれた人に後日電話をかけたら、「なんで電話をよこすんだ！　メールにしてくれ」と叱られたというのです。

ちょっとしたボタンのかけ違いから、仕事がうまくいかなくなることがあります。そうならないように、あらかじめ連絡手段の希望を聞いておくと安心ですね。

▼相手の社名と名前は絶対に間違えない

お客様や取引先に文書やメールを書くとき、正式な社名や役職、名前が思い出せずに考え込むことはありませんか？　以前やりとりしたメールを検索したり、名刺を探したりするのは意外と手間がかかるもの。何より間違いがあって相手を不快にさせてはいけません。**宛名を間違えないのは、最低限のマナー**と心得ましょう。

宛名のミスを防ぐには、単語登録が役立ちます。

例えば、「青空商事株式会社　営業部　満天一郎様」なら「@まん」などと登録します。

登録の仕方は「@＋名字の2文字」など、自分なりのルールを作って統一してください。

他にも、自社の商品やサービスの名称・住所・口座番号・インボイスの登録者番号など、間違えてはいけない単語・数字を登録しておくと便利です。

何をどのように登録したか忘れたときは、「ユーザー辞書ツール」（Outlook の場合）で確認しましょう。「単語の一覧」が表示されます。

また、社内文書・メールで、相手のフルネームや役職を間違えたときに、いちいち謝ったりするのも時間のムダです。そこで了解を得て、「鈴木さん」のように「名字＋さん付け」で統一してしまうのも一案です。

POINT

社外の相手は連絡手段の優先順位を確認しておく。相手の宛名を間違えないよう単語登録機能を活用する。

34
TIME SAVING HACKS

会議中、思いついたことをメモする

会議で自信をもって発言でき時間を有意義に使える

自分の意見をノートに準備しておく

難易度　すぐできる
範囲　自分＋他人
効果　30分短縮

自分の意見を吹き出しに書く

あなたは会議中に意見が言えますか？

会議中、ノートをとっているとき**自分の考えを思いついたら書き出す**といいでしょう。

例えば、参加者の発言を書き取りながら「○○さんの意見に賛成」などと自分の意見をメモします。他人の話を聞くうちに自分なりのアイデアが浮かぶこともあります。思いついたことはどんどん書き込みましょう。

このとき、**線で囲んで吹き出しにしておく**と、他の情報に埋もれずに自分の意見をすばやく見つけられます。

こんなふうに準備しておくと、不意に発言を求められたときも安心です。頭が真っ白になって何も言えないという失敗をなくせます。

▼ノートの基本的な使い方をおさえる

会議でノートを活用するために基本をおさえておきましょう。

ノートは後から何度も見返すので、ぜひ**1案件につき1見開き**にしてください。たとえページに余白があったとしても、次の案件に移ったらページをめくりましょう。案件が新しくなると、毎回真っ白なページが現れるので、「よっしゃ」と気分も新たになるでしょう。これは頭の切り替えにも功を奏します。余白があれば後から書き足すこともできます。

そして、**「記入日」+「タイトル」を記入**します。忘れてならないのはこの2つです。

記入日ですが、○年と書くときは、元号か西暦のいずれかで統一してください。

タイトルは、「上司と面談」「改善活動のアイデア」のように簡潔にします。どこに何を書いたのか覚えきれませんし、タイトルがないと、毎回すべてのページをめくって必要な部分を探さなければなりません。

あとからすばやくページを探せるように、**インデックスを貼りましょう**。

文房具店や100円ショップにインデックス用の付せんが売られていますので、ぜひ活用してください。

また、初対面や知り合って間もない人が複数いる会議や商談では、話の要点だけでなく、**出席者の名前もノートに記録しましょう**。

そのとき、名字をただ並べて書くよりも、座席表にするのがおすすめです。なぜかというと、そのときの光景が記憶に残り、役職や名前を覚えやすくなるからです。

次に会うとき、すっと名前が出てくる確率が高まるので、ぜひお試しください。

POINT

会議中に思いついたことをメモしておけば自分の意見を言える。
あとで情報を探しやすいようにノートのとりかたを工夫する。

35
TIME SAVING HACKS

日程調整も優先順位を考える

スムーズに予定が決まれば余計な手間を省ける

難易度　慣れが必要
範囲　自分＋他人
効果　60分短縮

日程調整では4つのポイントをおさえる

誰かと会議などの日程を調整するときは、次の手順をお試しください。きっとスムーズに日程が決まるでしょう。

1. 人数の多い会議が先、人数の少ない会議は後

10名の会議と2名の会議があったら、10名の日程を先に決めます。

2. 上司の都合が先、部下の都合は後

一般的に上司は部下よりも忙しく、スケジュールが先まで埋まっています。そこで**まずは上司の空いている日程を尋ね、2つから3つ仮押さえしてもらいます**。そのうえで仮押さえした日程を部下たちに示し、1つに絞り込みましょう。

会議をしない日、つまり不要になった仮押さえ日は、リリースしてもらいます。

3. 外勤の人が先、内勤の人は後

職場に営業職などで外回りをする人がいれば、その人の都合を優先します。日中オフィスを出たり入ったりしていますし、**お客様や取引先と交わしたアポイントは、特段の事情がない限り仕事をいただく側からキャンセル・変更はできません**。

そのため外勤と内勤の人がいれば、外勤の人の都合を優先すると、仕事に支障をきたしにくいでしょう。

4. 主賓の都合が先、接待する側は後

接待や歓送迎会をするときは、主賓の都合を優先します。連れていきたいお店があれば、営業日や個室が空いてる日を調べてから主賓に都合を聞くと安心です。

▼他人の仕事の予定を把握しておく

段取りよく仕事を進めるには、職場の人の予定は共有スケジューラーなどでチェックすることです。社外の人に仕事をお願いするときは、「ご都合はいかがですか。ご不在の日

やお休みの予定はありますか」などと、具体的な予定をさりげなく確認します。

そして相手の予定をスケジュール帳に記録します。**相手に不在の日があれば、当日は仕事を頼めないので、遅くとも前日までにお願い事を済ませるため、前倒しで計画します。**

そうやって日ごろから周りをよく見ていれば、グッドタイミングを推し量れるようになります。

相手に時間と気持ちの余裕があるのを見計らって連絡を入れたり仕事を頼んだりすると、相手も快く受け入れてくれるので、お互いの仕事がはかどり、段取りがよくなります。

POINT

優先順位の高い順に日程を決めるとうまくいく。他人の仕事の予定を把握してから自分の仕事を進める。

36

TIME SAVING HACKS

提案は3パターン用意しておく

優劣がつけやすくなり
提案が通る可能性が高まる

難易度　すぐできる

範囲　自分＋他人

効果　30分短縮

▼上司をうまく誘導する

上司にアイデアを提案するときは、3パターン用意しておきましょう。ひとつだけでは、丸ごと却下される可能性があるからです。

3パターンあれば、上司を「選ぶ」行為に誘導できます。比較検討するものがあるので、「3つの中ならこれ」と優劣がつけやすくなります。

例えば、業務改善のアイデアを提案するとします。「A案　ペーパーレス化」「B案　フリーアドレス制」「C案　ファイリンググルール作り」などと3案を示せば、上司は「この3つなら、B案に興味があるな」などと判断できます。

とはいえ、3パターンの提案を完璧にする必要はありません。**詳細を詰めるのは、一案に絞られてから**で十分間に合います。

選ばれた案だけをブラッシュアップさせて、一発でOKをもらいましょう。

▼稟議を上げる前に交渉する

時間をかけて稟議書を作ったものの、けんもほろろに突き返されてしまった人から、「なぜでしょう」と、相談を受けたことがあります。

新しい案件を緻密に計画を練って進め、あとは決裁がおりるのを待つだけと思っていたら、いきなり却下されてしまったというのです。

こうならないようにするには、稟議を作る前にキーパーソンに交渉するのが得策です。内諾をもらっておけば、稟議が通りやすくなるからです。

上司は決裁をする人、そう思っていると思わぬ落とし穴があります。

稟議を上げる前に大切なのは相談です。「ご相談したいことがあります」「お知恵をいただきたいのですが」と、初期段階で話を持ちかけてみてください。

早い時点で上司を巻き込み、アドバイスをもらいながら企画を詰めていけば、唐突で勝手な独り歩きなどと誤解されません。つまり、計画を100%完成させてから上司に見せるのではなく、30%ほど進めたところで打診するわけです。

上司だって部下から頼りにされたら嫌な気はしないでしょう。

大きなイエスは、小さなイエスを集めて初めてもらえるもの。何より上司の経験や知恵を活かさないのは、もったいないことです。

遠慮せず、上司をどんどん巻き込みましょう。

POINT

3パターン提案すれば、いずれかひとつにOKが出やすい。稟議を上げる前に上司に相談すると却下されにくくなる。

37
TIME SAVING HACKS

上司によって対応を変える

余計な手間を省き
書類の作成時間を短縮できる

難易度	慣れが必要
範囲	自分＋他人
効果	30分短縮

上司のこだわりを知っておく

「上司の書類チェックが細かくて困っています」という悩みを聞くことがあります。

仕事も、受験勉強と同じように傾向と対策が立てられます。**上司から繰り返し指摘されることは何なのか、メモしておきましょう**。

誤字・脱字がある、インデント（字下げ）が乱れている、敬語の使い方が間違っている、文章が長いなど、**人によってこだわるポイントは異なります**。

であれば、提出する前に、そのポイントだけ重点的にチェックしてみてください。誤字・脱字をよく指摘されるなら、二度三度見直して、誤字・脱字だけなくせばいいのです。

上司によっては、完成度よりスピードを重視する人もいます。少しぐらい誤字・脱字があっても、なるべく早く提出してほしいと思っているかもしれません。

あるいは、**ふだんは完成度を重視するけど、状況によってはスピードを優先した方がいい場合もあります**。

例えば、急いで叩き台を作り、早急に検討しなければならないときは、誤字・脱字にこだわっていられませんね。

▼相談はメールだけで済ませない

報告・連絡・相談は大切ですが、メールに不向きなものがあります。それは相談です。

相談を持ちかけるときは、文面に頭を悩ませることが多いもの。失礼のないように言葉を選び、背景や経緯を添えると冗長になってしまいます。

気づくと、思いのほか時間がかかっていて、その割に要点が伝わりにくい……。

思い当たる人は、**「相談は口頭で」と決めておきましょう**。対面せずとも、電話やZoomなどでも構いません。とにかく声に出して話してみてください。

話すと、表情や声のトーンなどの非言語コミュニケーションが使えます。だから文章よりも、真意が伝わる確率が高まります。

さらに、その場で双方向のやりとりができるので、先方から質問があれば、すぐ答えることもできますね。つまり、**メールするよりも短時間で済む**のです。

ただし相手にも都合があるので、まずはメールで伺いを立てます。「折り入ってご相談したいことがあるので、お時間をいただけますか」。了承を得たあとも日時の約束を交わすまではメールを使いましょう。

メールは部分的に使うのがコツです。

POINT

上司のこだわりや状況を見極めて対応する。相談は口頭でやりとりする方が時間がかからない。

38
TIME SAVING HACKS

得意・不得意を共有する

チーム内でフォローし合えば みんなの時短になる

難易度	慣れが必要
範囲	自分＋他人
効果	60分短縮

▼チームで弱みを補完する

誰しも得意・不得意があります。

例えば職場にはパソコン操作に長けている人、企画書などの書類作りがうまい人、人前で話すのが得意な人など、さまざまな強みをもった人がいるでしょう。

もしあなたにどうしても苦手なことがあれば、得意な人にお願いするのも作戦のうち。

PowerPointに悪戦苦闘している時間があったら得意な人に頼みましょう。その人はあなたの半分の時間でできるかもしれません。

チーム全体の成果を考えたら、結果的にプラスになるのです。

あなたにもきっと得意なことがあるはずです。「何かあったら言ってくださいね」と伝えて、今度はあなたの得意分野で誰かをフォローしてあげてください。

互いの弱みを補完し合い、強みを活かし合いましょう。

そして、助けてもらったら、「ありがとうございます」「助かります」と、口に出して感謝を伝えることを忘れないでください。

甘え上手になる

責任感が強くて、人柄はとてもいいのですが、ちょっと気の弱いところがあって言いたいことが言えない。相手を気づかうあまり仕事を頼めず、自分ひとりでやってしまう……。あてはまるあなたは、〝抱え込み症候群〟かもしれません。

これからはチーム全体の仕事がはかどるよう、甘え上手になってください。

例えば、期限が決まっている大量の単純作業や、力のいるイベントの設営作業などは、ひとりよりも、みんなでやる方が段取りよく早く進みます。

素直に周りの人に手伝いをお願いしてください。

ただし、周りの人にも都合があるため、前もって手伝ってほしい仕事や日時、ボリュームなどを伝えておきます。快諾してもらえたら、簡単な手順書を作って作業の流れやスケジュールを説明すると、その作業をやったことがない人でも理解しやすくなるでしょう。**相手にできるだけ負担をかけない**ことが大切です。

甘え上手になると、職場の属人化を防げます。自分以外の人がその仕事の内容を知っておくと、あなたが不在や休暇のとき、代わりに対応してもらえるからです。また、ダブルチェックやトリプルチェックをお願いしやすくなるメリットもあります。

甘え上手になるためには、ふだんの人間関係がものをいいます。以前にあなたが誰かの仕事を手伝ってあげたことがあれば、その人にはあなたもお願いしやすいでしょうし、その人も快く手伝ってくれるはずです。

POINT

不得意なことは他人に頼む方がチームの利益になる。イザというとき周りに頼れるよう人間関係を良好にしておく。

COLUMN

4 飲みニケーションより定時内コミュニケーション

「アフター6のつきあいが、職場の人間関係に功を奏す」と言われることがあります。でも、それは一昔前の話。各社で飲みニケーションの機会が減っています。

ちなみに飲みニケーションとは、「飲む」と「コミュニケーション」を合わせた造語です。

就業後は自己啓発したい人もいれば、子育てや介護をする人もいます。また、お財布事情も厳しく、ビジネスパーソンの平均小遣いは約4万円と言われています（※)。だから、そうムリをしてまで飲みに行く必要はないのです。

それより定時内にコミュニケーションをとりましょう。時間やお金をかけなくても、人間関係は築けるのですから。

仕事中だけで物足りなければ、ランチを利用してみてください。ランチは、定時内で仕事以外の話ができる絶好の機会です。デスクでひとり、ササッと済ませる人もいますが、社食や会議室、外のお店で語らう時間をもつだけで、知り合いや味方を増やすことができます。接点が増えるほど仕事もしやすくなるはずです。

※ SBI 新生銀行「2023年会社員のお小遣い調査」より

第5章

一発OKをもらう
メール・文書・資料作成の
ハック

39
TIME SAVING HACKS

受信トレイをきれいにしておく

大事なメールを見落とさず仕事が停滞しない

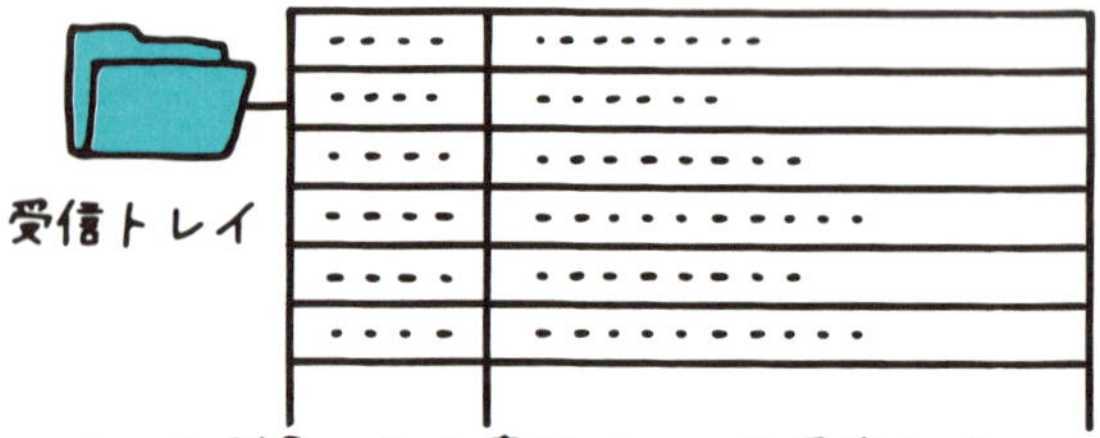

メールが多いと大事なメールを見落とす

メールが少ないと大事なメールを見つけやすい

難易度　すぐできる
範囲　自分
効果　60分短縮

▼未処理のメールだけを受信トレイに

受け取ったすべてのメールを受信トレイに置いたままでは、重要度の見分けがつきにくいもの。大事なメールを見落とし、返信するのをうっかり忘れそうなので、受信トレイをスッキリさせましょう。

おすすめするのは、**「受信トレイに置くのは、未処理のメールだけ」にする**ことです。これから処理するものが一目でわかるようにし、やることのヌケ・モレをなくすためです。

同時に**「処理済み」というフォルダーを作る**のはいかがでしょうか。

受信したメールを返信したり頼まれた書類を送ったりして処理したら、「処理済み」フォルダーへ移動させるのです。そうすると受信トレイには未処理のメールだけが並ぶので、やることが一覧でき、見落としをなくせます。

「未読と既読」を分けるのではなく、「未処理と処理済み」に分けるのがポイントです。

なお、「処理済み」フォルダーにあるのは、証拠として残したり、再度検索したりしそうなメールです。二度と見ないものは「ゴミ箱」に移動させましょう。

必要に応じて「メルマガ」や「社内ニュース」などのフォルダーを作り、自動仕分けを設定しておくと、受信トレイには処理の必要なメールだけが入ります。

紙の書類は3つのボックスで管理する

この方法は、メールだけでなく紙の書類にも応用できます。**仕事の進み具合によって書類を常に3つに分ける**のです。3つとは、「未処理」「取りかかり中」「処理済み」です。

ファイルボックスを3つ用意してください。ボックスは、中に入れるファイルや書類が立つものを選びましょう。ファイルや書類は、寝かせるよりも立てると探しやすくなるからです。そして箱に「未処理」「取りかかり中」「処理済み」のラベルを貼ります。

書類はひとつの仕事や案件ごとにクリアフォルダーに入れ、さらに進行状況によって3つの箱のいずれかに入れていきます。
フォルダーは、未処理↓取りかかり中↓処理済みの順に移動していきますね。

仕事中は、デスクの上に3つとも箱を出しておきます。そうすると自分が抱えている案件を全部可視化できます。

なお、「処理済み」に入れたものは、済んだ案件なのでファイリングするか、シュレッダーにかけてデータのみ残す、などしてください。

「引き出しの3段目にファイルボックスをしまう」などと決めて、朝出勤したら3つの箱をデスクの上に出し、帰るときはまた引き出しにしまいます。

POINT

未処理のメールだけを受信トレイに置くようにする。
紙の書類は「未処理」「取りかかり中」「処理済み」に分ける。

40
TIME SAVING HACKS

社内と社外でメールを書き分ける

メールの作成時間を大幅に短縮できる

難易度　すぐできる
範囲　自分＋他人
効果　15分短縮

▼ 社内メールに過剰な敬語は使わない

社内メールの読み手は社員で、ビジネス上の身内にあたります。**主な目的は「報連相」のためなので、作成に時間をかけすぎないようにします**。1通あたり平均5分が目安です。

一方、社外メールの読み手は、お客様や取引先ですから、お金が動くことを念頭に置きましょう。メール1通によって顧客満足度や業績を左右しかねないため、ミスのないよう丁寧に書きます。

社内メールは、「とにかく速く書く」を意識してください。社内メールに過剰な敬語は不要です。

社外メールなら「ご回答くださいますようお願いいたします」と書くところですが、社内メールなら「回答願います」「回答をお願いします」「回答してください」でも問題ありません。

箇条書きも積極的に使うようにしてください。「必要な数量は、赤が70個、白が50個でございます」ではなく、

○数量
・赤　70個
・白　50個

などと書きます。

そもそも箇条書きは事務的に伝える方法なので、単語を並べたり、あるいは「体言止め」といって名詞で終わらせたりします。

▼社内メールに「お疲れ様です」はいらない

多くの企業で、社内メールに「お疲れ様です」を書くのが暗黙のルールとなっています。中には1日50通のメールを受信する人もいるのに、その人がメールを読む時間、返信する時間を費やすほど、「お疲れ様」は必要なのでしょうか。

前述の通り、**社内向けメールはとにかくコンパクトに書き、時間のムダづかいを減らしましょう**。挨拶も丁寧なつもりでダラダラ書き綴ると、読み手にとって負担です。冒頭の「お疲れ様です」は省略してはいかがでしょう?

社内メールは瞬時に言いたいことが伝わるようにする。これこそ相手の立場に立った思いやりです。**短いメールには短く返信すればいいので、多忙な相手から返事をもらえる確率が上がります**。

メールだけで人間関係は作れませんが、人間関係ができている社員同士だからこそ単刀直入に用件のみを書けばいいのです。

POINT

社内メールは過剰な敬語を省き作成時間を短縮する。冒頭の挨拶も省略すればさらに短くできる。

41
TIME SAVING HACKS

ファイルは最初に添付する

ファイルの添付忘れを防ぎ二度手間にならない

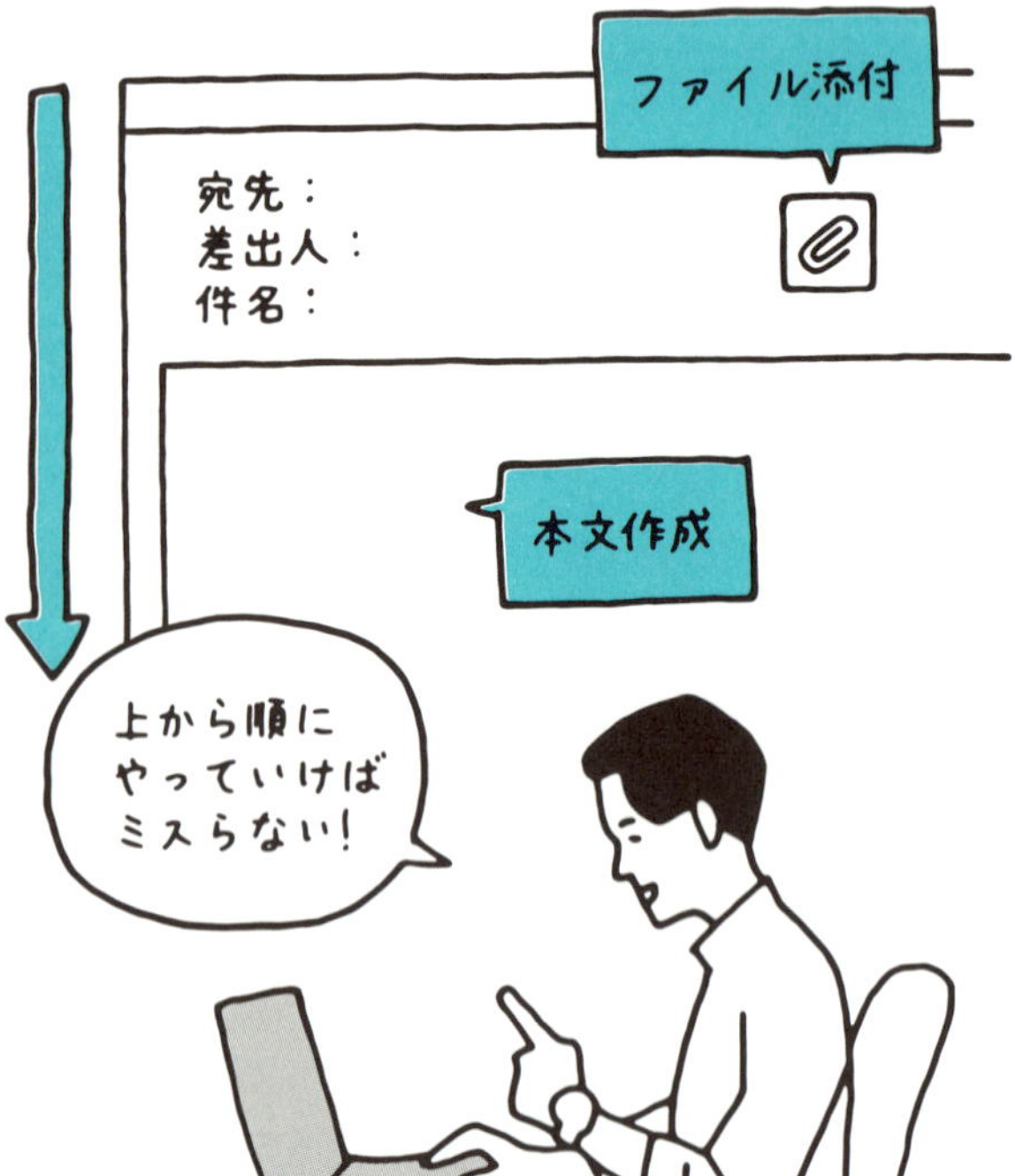

難易度　すぐできる
範囲　自分＋他人
効果　15分短縮

ファイル添付は本文を書く前に済ませる

メールにファイルを添付するつもりだったのに、うっかり忘れて送信してしまい再送することに……。

添付忘れの原因は何でしょうか。思うに、メール本文を先に書き上げるとホッとし、そのまま送信ボタンを押してしまうからでしょう。

そこで、**送るファイルがあれば本文を書く前に添付してください**。メールの作成画面を上下で分けてとらえ、上部を入力し終えてから下部にある本文へと移りましょう。するとと目線も画面の上から下へと自然に流れていくので、ミスが防げます。

さらに**件名には「添付3」などファイルの総数を入れておく**ようにしましょう。数を書けば、送信前にセルフチェックができ、もらった相手はファイルがあるか、数に間違いがないかを瞬時にチェックできます。

▼テンプレートに自分へのメッセージを入れる

ファイルの添付忘れを防ぐのに、もうひとつ効果的な方法があります。

私は、書類をメールで送ることが日常茶飯事です。研修やセミナーのテキストを主催者に納品したり、原稿を出版社に送ったり。時短のため、メールのテンプレートを作っています。

そこで、**テンプレートの冒頭に「ちゃんと添付しましたか？」の一文を入れる**ことを思いつきました。

実際、この一文に何度助けられたことでしょう。

作ったテンプレートは、相手別に保存しておくと、宛先・宛名を間違えないで済みます。

テンプレートを保存するときは、「見積書送付」などと一括りにせず、「A社見積書送付」

「B社見積書送付」のように相手ごとに小分けにしておくと、宛名などを打ち直す箇所が減るので効率的です。

また、注意書きの内容は自在にアレンジしてください。「様」の敬称を忘れやすいなら、「様をつけましたか？」とか、間違ったファイルを選びやすいのなら、「ファイルを開いて、間違っていないかどうか確かめましたか？」などと書くのはいかがですか？　複数のメッセージを入れておいてもいいですね。

メッセージが目立つように、文字のサイズを大きくしたり赤字にしたりしてもよいでしょう。

言わずもがなですが、自分へのメッセージは消してから相手へ送ってくださいね。

POINT

ファイルは本文を書く前に添付する習慣をつける。テンプレートに注意書きを入れておくとミスを防げる。

42
TIME SAVING HACKS

メールの署名を一工夫する

必要な情報が読み手にしっかり伝わる

難易度　すぐできる
範囲　自分＋他人
効果　15分短縮

署名に情報をコンパクトにまとめる

メールの最後には署名を入れます。署名はメールの名刺です。面倒くさいからと署名をつけないメールを送ると、相手のやることが増えてしまいます。あなたの名刺を探したり、会社の代表電話番号を調べるためにネット検索したり……。署名があれば、相手の時間をムダにしません。

署名は一度登録すれば、自動的に入力されるので便利です。

メール全体をコンパクトにまとめるためには、署名に載せる情報も選ぶことが大切です。

署名に載せる項目は、「会社名・部署」「氏名」「連絡先（住所・電話番号）」「メールアドレス」を基本に、必要に応じて「役職」「会社用の携帯電話番号」「FAX番号」「ホームページURL」を加えてもよいでしょう。

社内のルールがあれば従います。ただ、同じ企業でもバラバラな署名が見受けられるので、せめて職場やチームでは統一しましょう。

また、読み手の受信環境はさまざまです。**パソコンでは5行でも、スマホでは倍の10行になることもあるため、「短く」「スッキリ」を心がけてください**。

▼署名にお知らせを入れる

署名は名刺代わりですが、もっと発想を豊かにして活用しましょう。

おすすめするのは、お知らせを加えること。**長期休暇や年末年始休業の予定は1カ月前くらいから登録しておく**と、メールを送るたびに、さりげなく告知できます。

これでわざわざ休暇を知らせるメールを送らずに済みます。何より休暇中に連絡がこないので、ゆっくり休めますよ。

他にもアイデアがあります。「本日は在宅勤務です。連絡はメールでお願いします」と書けば、会社へ電話はかかってきません。シフトが決まっていたら、「毎週月曜日・水曜日・金曜日は出社しています」と載せておくと、毎日署名を変えなくて済みます。

署名に固定電話と携帯電話、両方の番号を載せている場合は、つながりやすいのがどちらかを書いておくとよいでしょう。「遠慮なく携帯電話にご連絡ください」と書けば、読み手は悩まず携帯電話に連絡してきます。

さらに、電話番号のあとに「9：00〜18：00」のように、連絡可能な時間を記しておけば、就業時間内に電話をもらえるでしょう。

POINT

メールの署名は読み手の手間を省くため情報を読みやすく載せる。長期休暇の予定などを載せるとさりげなく告知できる。

43
TIME SAVING HACKS

メールを書く前に作戦を立てる

内容に漏れがなくなり二度手間を防げる

難易度　すぐできる
範囲　自分＋他人
効果　30分短縮

▼伝えたいことを箇条書きにする

メールを書くとき、伝えたいことの一部を書き忘れたまま送信してしまう。送信した後で忘れた用件に気づいて、もう1通送る。あなたもこんなミスが思い当たるのでは？

メール1通であっても準備が必要です。まずは、キーワードメモを作りましょう。キーワードメモは、紙かメールの作成画面を使います。どちらにしても、まずは伝えたいことを箇条書きにしてください。

キーワードをすべて挙げたら、忘れている項目がないかを念入りにチェック。問題がなければ、それからきちんとした文章に仕上げます。

つまり、**「他に伝えることはなかったかな？」と記憶をたどる作業、文章化する作業を別々にする**のです。「思い出しながら書く」方が、一見すると速いようですが、実は注意が散漫になりミスをしやすいのです。

「思い出す」と「書く」を切り離し、それぞれに集中することでミスを防ぎましょう。

1メールで1用件にする

メールで正確なやりとりをするには、**1メールで1用件を伝えることを原則**にしてください。これはビジネス文書全般にいえることです。

つまり、ひとつの文書にひとつの標題（タイトル）がつき、その内容が本文として記載されます。

メールの場合は、受け取ったり送ったりしたメールは、メーラー上で件名を一覧表示して管理します。このときに件名と内容が一致していなかったり、1通のメールにあれもこれもと複数の内容がてんこ盛りにされていたりすると厄介です。

1通のメールに複数の内容があり、処理が終わったことと、これから処理が必要なものとが混じっていたら、区別がつけにくいでしょう。大事な内容を見落としたり、うっかり返信し忘れたりするかもしれません。

また、過去に送られてきたメールを検索するときにも支障をきたします。つまり、何かと管理しにくいのです。

1メール1用件でまとめられていれば、**お互いに履歴を付けて返信を繰り返すことで、これまでのやりとりの記録をきれいに残すことができます**。

もちろん、挨拶やお礼の言葉、近況報告などを書き添える程度のことは問題ありません。本題に関連して、どうしても書き添えておきたいことがあったら、本文の最後に「追記」として書き加える方法もあります。

POINT

メールは内容を箇条書きにしてから作成すると書き漏れを防げる。1メールで1用件にすればお互いに管理しやすくなる。

44
TIME SAVING HACKS

メールのタイトルに力を入れる

相手に余計な時間と手間をかけさせない

難易度	慣れが必要
範囲	自分＋他人
効果	15分短縮

タイトルで内容を想像させる

「メールの価値はタイトルで決まる！」と言っても過言ではありません。それなのに、なんとなくタイトルをつける人が多いように感じます。

多いのは、「〜について」と「〜の件」というタイトル。これらは、もちろん誤りではありませんが、「会議について」「明日の件」といったものであれば、あいまいです。読み手は「何のことやら？」と当惑するのではないでしょうか。

思い当たるなら今すぐ改善。**タイトルを見れば、パッと内容が想像できる**ようにしましょう。受信者は届いたメールの送信者とタイトルを見て、読むか捨てるかを瞬時に判断したり、対応する順番を決めたりするからです。

「これは大事なメールだ」と思わせるタイトルをつけてください。

タイトルをつけるコツは2つあります。

1つ目は、**対象や案件を絞り込む**こと。

2つ目は、**結論や目的、相手に期待する行動を入れる**こと。

例えば、「【確認お願い】10月8日議事録」「【ご案内】秋の大感謝祭」などとします。

慣れるまでは、1分くらいかかっても構いませんので、必ず読んでもらえるような主旨のわかるタイトルを考えましょう。

タイトルだけのメールを送る

タイトルだけでメールを終わらせる方法があります。**タイトルに結論を書き、最後に「タイトルのみ」や「以上」をつける**のです。

本文は何も書かず、自動的に署名がついていても消しません。

これは究極の時短メールなので、**相手は気心の知れた社内の人**がよいでしょう。外出先からの連絡、テレワーク中の挨拶、リマインドなどに向いています。

・外出先からの連絡……電車の遅延により17時ごろ帰社予定です／以上
・テレワーク中の挨拶……おはようございます。本日の業務を始めます。【タイトルのみ】本日の業務を終了します。明日もよろしくお願いします。【タイトルのみ】
・リマインドしたいとき……経費精算の締切日です／以上

本文まで完成させると5分かかるメールもタイトルだけなら30秒で完成します。「タイトルのみ」「以上」は、本文は開けなくてもよいというサイン。お互いに返信するたび、メールを整える必要がないので、仕事が超速で進みますよ。

POINT

タイトルを見て内容を想像できるメールを送る。社内の人へ連絡をする場合、タイトルだけを送る方法もある。

45
TIME SAVING HACKS

メールにすばやく返信する

仕事がひとつ片づくので時間に余裕が生まれる

送ったメール
読んでくれたのかな？
早く返信して
安心させよう
・出社したとき
・10:30 ごろ
・昼休みのあと
・15:00 ごろ
・退社する前

メールを返信するタイミングを決めておく

難易度　すぐできる
範囲　自分＋他人
効果　30分短縮

クイックレスポンスを習慣にする

クイックレスポンスとは、すばやく返事をすることです。**受信したメールは、その日のうちにサッと目を通し、できるだけ当日中に返信してください**。難しければ、翌日にもち越しても構いませんが、24時間以内を目標に返しましょう。

あなたにメールを送った人は、「読んでくれたかな」「いつ返事をくれるかな」と待っています。相手の期待に応えるためにも、すばやく対応してください。

相手のためばかりではありません。保留の案件を減らせば、あなたに時間が生まれ、気持ちまで軽くなるというメリットもあるのです。

とはいえ、メールが届くたびに返信していては、仕事に集中できません。**緊急の案件以外はまとめて返信すればよいので、具体的な回数と時間を決めておく**のです。

例えば、一日5回なら、①出社時、②10時30分ごろ、③昼休みのあと、④15時ごろ、⑤

退社前、という具合に。

忙しいときは、「メールを拝見しました。ご依頼の件、○日にあらためて回答します」など、短く返信すればOK。受領連絡を入れて、相手を安心させてください。

▼返信するメールを選ぶ

メールが届いたら、自分のアドレスが「宛先」「CC（カーボン・コピー）」「BCC（ブラインド・カーボン・コピー）」のどこにあるか、確認してください。

自分が宛先なら、当事者なので基本的に返信します。

一方、**CCやBCCで届いたものは、原則として返信の義務はありません**。「ご参考までに」だとか「念のための情報共有」が目的ならば、目を通すだけでよいのです。

ときどき、CCやBCCで届いたすべてのメールに返信する人がいます。「確かに読みました」「承知しました」「ありがとうございます」などと返信していたら、時間がかかってしまいます。やらなくてよいことは、やめましょう。

ただし、BCCメールは、送り先を隠して同じ文書を一斉送信し、全員に何らかのアクションを求めることがあるため、速読・斜め読みで確認して対応しましょう。

CCとBCCの違いは、ぜひ押さえてください。

お互いに面識のないお客様へ一斉に送信するときは、お客様のアドレスはすべてBCCにし、他の誰に送っているのか見えないようにします。

誤ってCCにすると全員のアドレスが開示され、情報が漏洩してしまいます。社会問題へ発展する可能性もあるため、十分にチェックしてから送りましょう。

POINT

メールにすばやく返信するとお互いの心と時間に余裕が生まれる。CC・BCCで届いたメールには原則として返信しない。

46
TIME SAVING HACKS

「返信不要」を感じよく伝える

ムダなメールのやりとりを うまく終えられる

難易度	すぐできる
範囲	自分＋他人
効果	30分短縮

お互いに気持ちよくやりとりを終わらせる

メールのやりとりがなかなか終わらないことがあります。**あなたがメールを送って終わらせたい、先方からの返事はいらない、ということであれば、「返信不要」を知らせましょう。**

そうでないと、また返信が届くかもしれません。

ただし、「返信不要です」とキッパリ書くと、相手を拒絶するようなイメージを与えかねません。社内メールは単刀直入で構いませんが、社外メールでは次のようなフレーズをおすすめします。

- **返信はお気づかいなさいませんように**
- **お忙しい折、返信のお気づかいはご無用です**
- **再度ご連絡いたしますので、ご返信には及びません**

これならきっと読み手に思いやりが伝わりますし、「助かる、ありがとう」と思ってもらえますよ。

自分の時間だけでなく相手の時間も大切にできる「返信不要」。ぜひ、感じがよいフレーズにして使ってみてください。

▼金曜日にメールを送るときに配慮する

メールを送る際に相手を気づかう方法をもうひとつご紹介します。

金曜日は平日最後の勤務日で、1週間の仕事を締めくくる人が多いでしょう。やり残した仕事を終えて、週末を迎えたいですね。

もしあなたが金曜日の夕方に依頼メールを送るときは、次のようなフレーズを書くことをおすすめします。

・ご無理のないよう、週明けにご確認くだされば十分です

というのは、メールの送り手と受け手には感情の温度差があるからです。**送った人は、仕事を手放して気分爽快。一方、受け取った人は、仕事が増えて憂鬱な気持ちになります。**

もし相手が帰る間際にメールを開けたら、残業させることになりかねません。そこで、至急ではありませんよ、という意味でさきほどのフレーズを書き添えてほしいのです。すると読み手は、来週に回せばよいのだと安心し、返信しないで帰れます。

週末は、誰もがリフレッシュする時間をもちたいもの。お互いに仕事を忘れて英気を養うためにも、気配りの一言を添えてみてください。

POINT

「返信不要」の旨を伝えれば気持ちよくメールのやりとりが終わる。金曜日に送るメールには週明けの対応でよい旨を添える。

47
TIME SAVING HACKS

メールの返事をもらえるように書く

早く返信をもらえれば自分の仕事もはかどる

難易度　すぐできる
範囲　自分＋他人
効果　30分短縮

読み手に負担をかけない

メールの返信をもらえるように、読み手に負担をかけないメールを送りましょう。要は、相手に「めんどくさいな」と思わせないことです。

長さの目安は、スクロールしないで読めること。どうしても長くなる場合は、始めの方に「長文失礼いたします」と一言断るとよいでしょう。

期限を設定するときに、「至急返信してください」や「今日中に回答してください」は失礼です。相手にも都合があるのですから、一方的で無茶な要求は嫌がられます。前倒しで、余裕をもってお願いしてください。

メールで日程を調整することもあります。手順は168ページでも説明していますが、**こちらの都合のよい日時を3～5つほど候補として挙げる**と、相手はその中から選ぶだけなので、きっとすばやく返信してくれます。

「都合のよい日はいつですか?」「都合の悪い日を教えてください」というあいまいな質問を投げかけると、手間をかけ、やりとりが増えてしまいます。

「マジックフレーズ」「クッション言葉」を使う

マジックフレーズとは、魔法をかけるくらいの威力をもっていて、コミュニケーションの潤滑油となるものです。

マジックフレーズの中でも最も使いやすいのが「ありがとうございます」です。

メールの始めのあたりに、「ありがとうございます」を入れると、出だしから印象がよくなり、そのあとの本題を読んでもらいやすくなる効果があります。

「お礼なんてない……」と諦めないでください。小さなことでよいので見つけましょう。

返信が届いたら、「返信ありがとうございます」と書けますね。訪問やリモート会議をした数日後なら、「先日はお時間をいただきまして、ありがとうございました」と書けます。

また、「クッション言葉」という、まるでクッションのごとくやわらかさを醸し出す言葉も使ってみましょう。

「**恐れ入りますが**」や「**よろしければ**」がその代表的なものです。文の先頭にちょこんと置くだけで、読み手をおもんぱかる気持ちを表現できるので便利ですよ。

例えば、お願い事があるとき。「お願いします」にクッション言葉をつけてみます。すると、「恐れ入りますが、お願いします」や「お手数をおかけしますが、お願いします」となり、ずいぶん印象が変わります。

ほんの数文字書き足すだけで、効果抜群！　ぜひマスターしてください。

POINT

相手の立場に立ってメールを書けば早めに対応してもらえる。「マジックフレーズ」「クッション言葉」も積極的に使う。

48
TIME SAVING HACKS

メールの送信時間をコントロールする

メールの内容の不備に気づきやすくなる

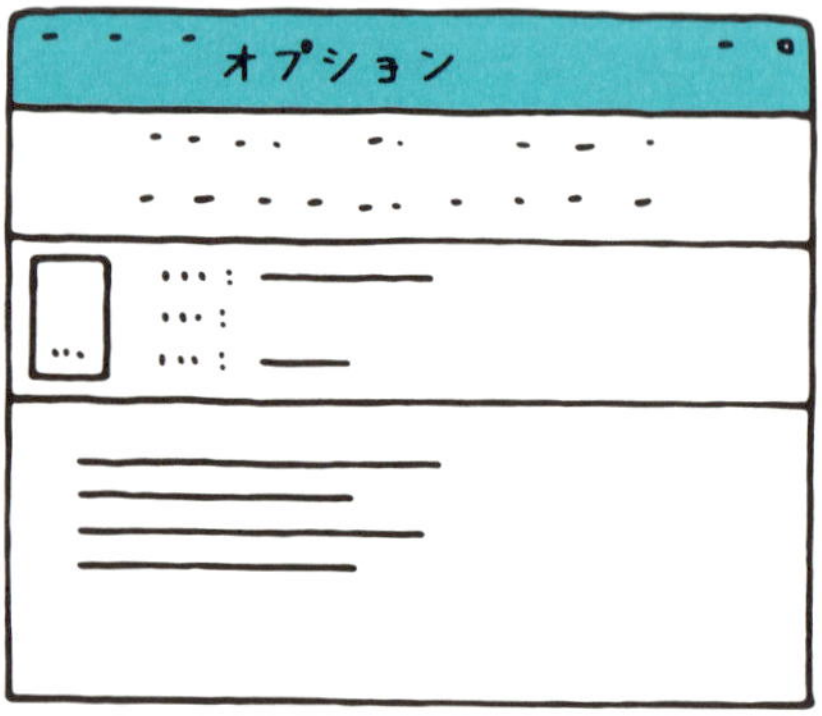
Outlookは「オプション」で設定

Gmailは「送信」ボタンで設定

難易度　すぐできる
範囲　自分＋他人
効果　30分短縮

メールは見直す時間をとることが時短になる

メールは、自分だけで完結する作業なので、十分にセルフチェックをする必要がありますね。セルフチェックが不十分なまま送信してしまうと、あとで再送するなど仕事が増えてしまうことがあるので要注意。

メールを送ったり返信したりするのは早ければ早いほどよいのか、というとそうではありません。もしミスがあれば、〝雑な仕事〟という印象を読み手に与えてしまいます。

メールを書き終えたら、必ず見直して、誤字・脱字、文字の変換ミス、盛り込むべき情報や添付ファイルの漏れなどがないかチェックしましょう。

とくにお客様宛の重要なメールの場合は、2度3度と入念に見直してください。慌てて送った後にケアレスミスを見つけて謝ったり再送したりする手間を考えたら、見直しの時間に充てるのが賢明です。

「送信予約」でミスを防ぐ

ぜひ知っておきたい機能があります。それは「**送信予約**」です。「送信予約」とは、メールをすぐには送信せず、設定した時間に送ることです。

私の場合は、午後5時以降にメールを書くとき、送信日時を翌朝9時半に設定することがあります。なぜかというと、夕方は疲れが出てしまい、集中力が下がってミスしやすい時間帯だと自覚しているからです。

メールを書いた後、ひと晩寝かせると、「おっと危ない」とヒヤリ・ハットに気づきやすく、修正してから送ることができます。

翌朝メールを書く方法もありますが、朝の集中タイムをメール作成に充てたくないですし、その日のタスクはその日のうちに終わらせ、スッキリした気分で帰りたいので、メールを作るのはできるだけ当日中にしています。

下書き保存という手もありますが、送り忘れないよう、また自分に期限を設けるために「送信予約」を利用しています。

また、たとえミスがなかったとしても、メールを送った直後に、受信した人がすぐ返信してくれると、メールのラリーが始まってしまうかもしれません。

そこで**大事な仕事に集中したいときや、すぐに返信できないとき、または早帰りしたいときは、あえて送信するタイミングを遅らせる**のも作戦のうち。

「送信予約」はOutlookの場合、メール作成画面の「オプション」→「配信タイミング」→「配信オプション」で設定します。Gmailなら、メール作成画面の「送信」ボタンの横にある▲をクリックすると、「送信日時を設定」が出てきます。

POINT

メールは送信前にしっかり見直し、再送や謝罪の手間を省く。「送信予約」機能を活用するとミスを防ぐしくみを作れる。

49
TIME SAVING HACKS

書類は別の日にチェックする

視点が切り替わり
ミスを見つけやすくなる

難易度　すぐできる
範囲　自分
効果　15分短縮

いったん寝かせてからチェックする

書類の作り手が、できたてホヤホヤの書類を自分でチェックすると、ミスを見落としやすいものです。

完成させた直後は達成感があり、気持ちが多少なりとも高ぶっています。また、「正しい」「完璧」という思い込みが邪魔をして、セルフチェックをしても形骸化する恐れがあります。

セルフチェック力を高める方法は、いとも簡単。**書類を作る日とチェックする日を別にすればいい**のです。

書類を完成させたら、すぐにチェックしないこと。そのまま放置して、別の仕事をしてください。

いざチェックするのは、翌日になってから。その仕事からいったん離れ、時間をおいてから見直すと、冷静に、客観的な視点で書類に目を通せるからです。

作り手の視点からチェッカーの視点に切り替わるため、ミスを見つけやすくなるのです。

ギリギリセーフで書類を作り、直後に見直すとミスを見落とす可能性が高いので、ひと晩寝かせることを想定し、締め切りよりも前倒しで仕上げてください。

▼印刷してチェックする

ペーパーレス化が進んでいますが、**大事な書類は翌日以降に印刷してから見直すと、ミスを見つけやすくなります**。パソコンの画面上だと一部分しか見られないため、ミスを見落としやすいのです。

紙に印刷し、全体像を把握してから細部をチェックする方法をおすすめします。

とくに社外文書を出すときは、**宛名の社名や役職・氏名**に誤りがないかどうか確認が必要です。また、見積書や請求書など金額を誤ったまま先方に送ると修正がききません。よって、印刷した書類を、赤ペンをもってチェックするとよいでしょう。

印刷するときは、ミスプリントを減らしたいもの。急いでいるとすぐに印刷したくなりますが、ここは落ち着いて**印刷プレビューで確認しましょう**。

まずは、紙1枚に収まるかを確かめ、収まらなければ内容を修正したり、印刷範囲を設定しなおしたりしてください。再度プレビューを経てから印刷するとよいでしょう。

どうしても画面だけでチェックしなければならない場合は、拡大して細かな部分まで入念に確認してください。

POINT

書類は作成日とチェック日を別にするとミスを見つけやすい。とくに重要な書類は印刷して見直す。

50
TIME SAVING HACKS

データや書類を上手に捨てる

必要なデータを捨ててしまうミスを防げる

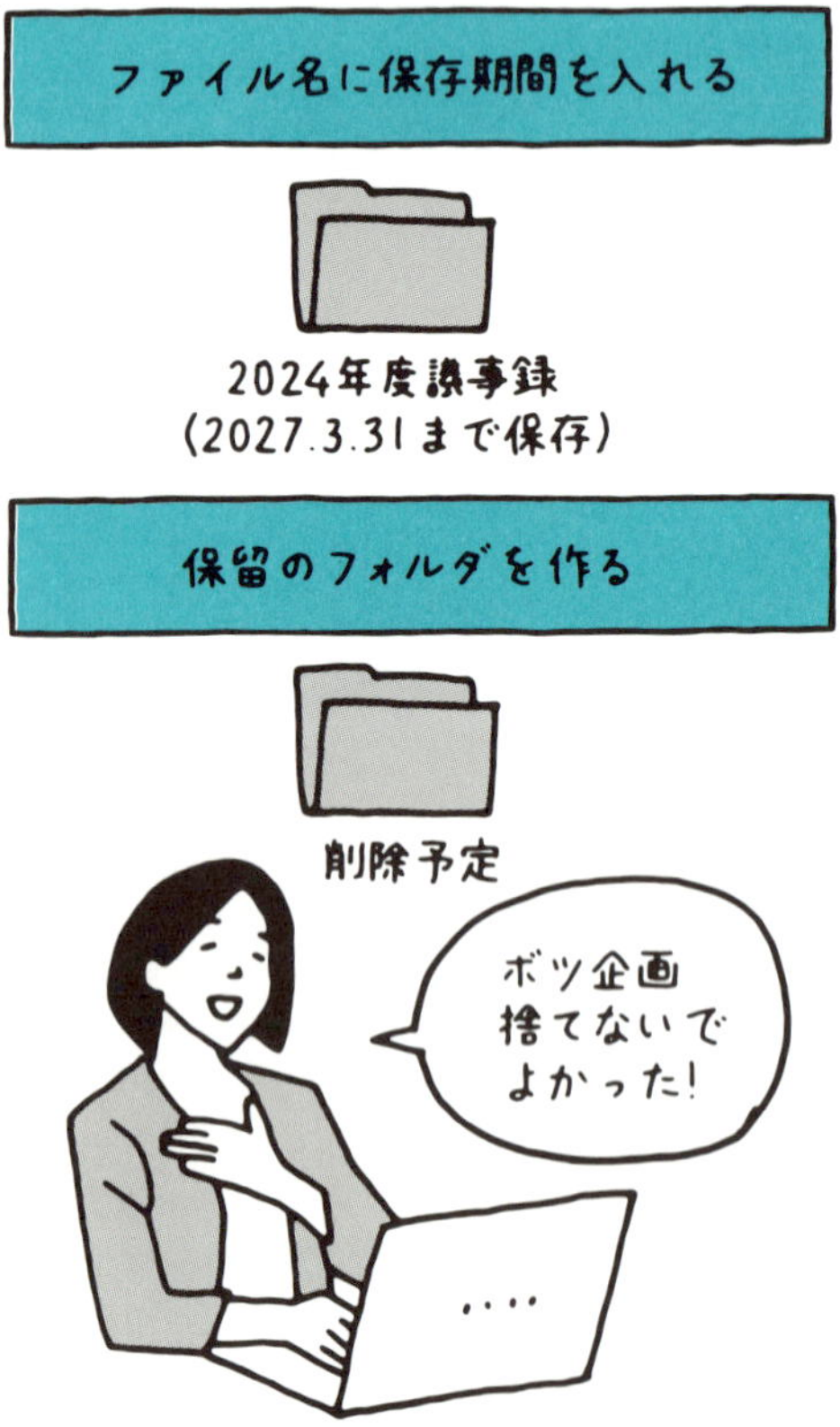

難易度　すぐできる
範囲　自分+他人
効果　30分短縮

データは「ゴミ箱」に捨てない

パソコンのデータも容量を超えると保存できなかったりデータが消えてしまったりすることもあるため、**いらなくなったデータはこまめに捨てましょう**。

とはいえ、大切なものまで勢い余って捨てるミスはしたくないもの。そこで大事なデータを間違えて捨てないための対策を2つ提案します。

1つめは、**保存期限をフォルダー名やファイル名に入れる**ことです。組織には文書管理規定があるところも多く、「この書類は○年保存」というルールが決まっています。ですから、自己判断で勝手に捨ててはいけません。

「2024年度議事録（2027.3.31まで保存）」などと、保存期限をフォルダー名やファイル名の最後に付け加えておくと、捨ててよい日が一目瞭然です。

2つめは、**進行中の案件は、すぐ「ゴミ箱」に捨てない**こと。仕事が終了するまでデータをとっておくと安心です。

いきなり「ゴミ箱」に捨てると、見つかりにくいことがあるので、案件ごとのフォルダーに「削除予定」という名称のフォルダーを作り、最新版以外はそこに移します。案件が無事終了した暁には、「削除予定」フォルダーを丸ごと捨てて、さよならしてください。

なお、データのバックアップは定期的かつこまめにやっておきましょう。印刷して紙でも保存するなどリスクを最小限に留めてください。作成途中の書類だけをこまめにUSBメモリーに保存しておくのも一案です。

▼書類を捨てるルールを作る

紙の書類や文房具などは、どのように捨てればよいでしょう？　いくつかコツを紹介します。

1．期限が来たら捨てる

「文書管理規定」を確認し、ルールにしたがいます。ファイルに捨てる日を書いたラベルを貼っておきましょう。

2. 満杯になったら捨てる

例えば、デスクの引き出し3段目が満杯になったら、不要な書類を捨てます。

3. 仕事が終わったら捨てる

伝言メモ、送られてきた封筒、使用済みの付せん、備忘録として印刷したメールなどは、仕事が終わったら捨てるタイミングです。

4. データで残す

紙の書類は最新版のみ残して捨てます。または、すべてデジタル化すれば、原本を捨てられます。

POINT

必要なデータを捨てない工夫をほどこす。
書類や文房具を捨てるルールを作っておく。

51
TIME SAVING HACKS

「音声読み上げ」でチェックする

目で文字を追うよりも
間違いに気づきやすい

「読む」だけでは間違いに気づきにくい

「聞く」と間違いに気づきやすい

難易度　すぐできる
範囲　自分
効果　30分短縮

▼他人の声で聞いて客観的になる

自分で作った書類を自分でチェックすると、「正しいはず」という思い込みが邪魔をします。

実は、本づくりも同じです。著者と編集者が2人で何度チェックしても、作り手同士ですからミスに気づきにくい。そこで出版社は、専門の校正・校閲者に頼み、表記や内容に誤りがないか確認してもらいます。数千部刷ってからではやり直しがききませんから。

とはいえ、他力本願ではミスはなくせません。どれだけ自分でセルフチェックできるかが勝負です。**そのとき強い味方となってくれるのが、「音声読み上げ」機能**です。

「音声読み上げ」機能とは、テキストを自動音声で読み上げるコンピューター機能でMicrosoft Officeのアプリケーション（Outlook・Word・Excel・PowerPoint）などに備わっています。パソコンとスマホいずれも可能です。読む速度を自由に変えられますし、好みの声を選べます。

昨日は「Ayumi」さんに読んでもらったから、今日は「Ichiro」さんに読んでもらおうといった楽しみもありますよ。

パソコンで文章を書くときは、主に目と手を使って入力します。読み返すとき、**視覚で文字を追うよりも、聴覚を使って他人の声で聞くと客観的になれるため、誤入力や表現のおかしな点に気づきやすい**と思います。

ただ、コンピューターゆえ、ときどき妙な漢字の読み方をしますが、そこはご愛敬ということで。

▼音声入力機能を活用する

急いでいるとき、スマホでの文字入力がまどろっこしく感じることはありませんか？

そんなとき、**スマホに話しかけるだけで文字が入力できる機能**は、とても重宝します。メールはもちろん、Wordで文章を書くときや、LINEで連絡する際も大活躍します。人によっては手で一生懸命入力するより、断然速く正確に文字が打てます。

まずは自分のスマホの音声入力が有効になっているかどうかを確かめておきましょう。

周囲が騒がしいと周りの音も声として拾ってしまい、うまく文字が入力できない場合があります。できるだけ静かで、周りに人がいない場所で行いましょう。

また**仕事の重要なやりとりや機密事項が周りの人に聞かれてしまっては問題**です。音声入力をする際は細心の注意を払うようにしてください。

POINT

「音声読み上げ」機能でチェックすると校正の質が上がる。スマホで文字を入力するときは「音声入力」が便利。

52
TIME SAVING HACKS

社内の資料はスピードを重視する

時間と労力をムダにせずに必要なことを伝えられる

難易度　すぐできる
範囲　自分
効果　30分短縮

▼社内の資料はPowerPointで作らない

社内でやりとりする資料は、懲りすぎないようにしましょう。とくに、PowerPointを使う必要があるかどうか、冷静に考えてみてください。

というのも、PowerPointで書類を作ると、どうしても体裁よく仕上げたくなるからです。**社内の資料に求められるのは体裁より本質です。**それを短時間で完成させなければなりません。細微にこだわっていては時間と労力をムダづかいし、評価を下げてしまうことに。

変なこだわりを出さなくてもよいものに、

- **会議資料（配布資料・上映スライド・議事録）**
- **作業マニュアル（作業フロー図・手順書）**
- **報告文書（日報・月報・成果レポート・研修参加報告書）**
- **回覧文書（歓送迎会の案内・イベントのチラシ・ニュース）**

などが考えられます。

伝えたいことがあるなら、Wordなどを使って、シンプルに箇条書きする。手書きのメモにしても構いません。口頭で補足しながら説明しても、何ら遜色はないはずです。

▼伝言メモは清書しない

伝言メモは、電話を受けて、名指し人が不在中や対応できないときに書きます。

受話器をもちながら、相手の社名や名前、電話番号を聞き、すばやくメモに書き留める。その殴り書きが汚いと、相手に渡すのは気が引けて、新しいメモに書き直す。これは、仕事ぶりが丁寧な人に見られる習慣です。

伝言メモを清書すると、時間が数倍かかってしまいます。清書している間に、また次の電話が鳴ることもあるでしょう。

そのうち、自分の仕事が手つかずという事態になりかねません。

伝言メモを清書しているなら今すぐやめて、**相手が読めればいいと割り切ってください**。

「字がきれいだね」と褒められる必要はありません。情報が正しければ合格なので、書き直すことなく1回で伝言メモを仕上げましょう。書き損じたとき、二重線で訂正するのが嫌であれば、消せるフリクションのペンを使うと安心です。

伝言メモは付せんに書くより、フォーマットを印刷しておくと能率が上がります。例えばWordのオンラインテンプレートを「電話」で検索すると、適当なものが見つかるでしょう。

また、日付を書くのは面倒なので、まとめて日付印を押しておくのも一手です。朝電話が鳴る前に5枚ほどまとめて印を押しておきましょう。

POINT

社内文書は体裁にこだわらずすばやく仕上げる。電話の伝言メモも清書する必要はない。

53
TIME SAVING HACKS

AIに手伝ってもらう

ゼロから書くより速く仕上がる

難易度	すぐできる
範囲	自分
効果	30分短縮

まずは生成AIを試してみる

あなたは、生成AIを試したことはありますか？　**質問を入力すると、瞬時に回答がもらえるので、その速さにきっと驚くことでしょう**。

何を質問するかは人それぞれですが、試しに次の質問を投げかけてみました。

「私はメーカーの人事部長です。入社式で新入社員に話す挨拶文の原稿を作ってください。1分で話せる文字数でお願いします」

すると挨拶文が現れました。「皆さん、おはようございます。（中略）私たちの会社は、常にイノベーションと成長を目指しています。皆さんの新しい視点やアイディアが、その原動力となることを期待しています。どんなことでも、恐れずにチャレンジしてください。また、私たちは協力とチームワークを大切にしています。困ったことやわからないことがあれば、先輩や同僚に遠慮なく相談してください。一緒に成長していきましょう」

的を射る回答をもらうコツは、具体的に質問することです。

自分の職業や立場を名乗ったり、どんなシーンで使いたいのかといった背景や目的を入れたり、「○○について5つアイデアをください」とか「3分で話せる文字数でお願いします」などと数字を入れたりするのもよいでしょう。

メール作成の時間を短縮できる

メールを書くとき文面に悩んだら、生成AIに相談するのも一手。

「私は新入社員です。取引先へ送る着任挨拶メールを作ってください。自己PRも入れてください。学生時代はアメフト部だったので体力には自信があります」と質問。

「お世話になっております。○○社に入社しました△△と申します。(中略)私はアメリカンフットボール部での経験から、チームとしての目標達成に向けて努力を惜しまず、常に最善を尽くす姿勢を持ち合わせております。貴社との取引においても、率直なコミュニケーションと誠実な対応を心がけ、課題解決に向けて全力を尽くしてまいります」と見事な文章を書いてくれました。
手直しは必要ですが、それでもゼロから自力で文章を書くよりも格段に時短なのは確かです。
一方、大学生が論文やレポートを書くとき、生成ＡＩの文章を丸写しして単位を落とすというニュースもちらほら。創造性が求められる仕事においても、自分の考えがまるで入っていないのは問題ですね。

あなたはＡＩにはできないことをして、自分の付加価値を高めましょう。

生成ＡＩはリスクもはらんでいて、導入に慎重な企業もあります。あくまで「お試し」や「ヒントを得る」程度からおつきあいを始めるとよいでしょう。

POINT

ＡＩをうまく活用するには具体的に質問すること。
メールの文面などをＡＩに考えてもらうと時短になる。

※ AI の性質上、記載されているものと同じ質問をしても、必ずしも同じ回答が出てくるとは限りません。ご了承ください。

COLUMN

5 郵便物はポストまで手にもっておく

郵便物をポストに投函するつもりが、うっかり忘れてしまったという経験はありませんか？　ハッと気づいたけれど、ポストまで戻る時間はない。「外出先でポストくらい見つかるだろう」と高を括っていたら、別件で頭がいっぱいになり、また忘れてしまう。そうやって封筒をずっとバッグに入れたまま持ち歩いてしまう失敗は、あなたも一度くらいあるでしょう。

投函が翌日になれば、先方への到着日はその分遅くなります。速達など急ぎの書類ならなおさらのこと、投函し忘れを防がなければなりません。

これからは「郵便物はポストまで手でもっていく」を習慣にしましょう。

出かけるとき荷物と一緒にバッグに入れてしまうから忘れるのです。手でもてば否応なく目に入るので、ポストにたどり着くまで意識を集中させることができるようになります。ささいなことですが、こんな習慣やしくみ作りがミスを防ぐことにつながります。

もし封筒が汚れる心配があれば、クリアファイルに入れてもっていけば安心でしょう。

第6章

仕事も人生も充実する生活習慣のハック

54
TIME SAVING HACKS

仕事の服はパターン化する

服を選ぶ時間を短縮できる

プレゼンの日は勝負服
会食の日はおしゃれに
デスクワークの日はリラックス
客先訪問の日はジャケットを

難易度	慣れが必要
範囲	自分
効果	60分短縮

▼決まった組み合わせを繰り返す

出勤する前、コーディネートを考えるのは、意外と面倒な作業です。

ぜひトライしてほしいのが、**コーディネートを何パターンか決めておく**こと。

「似合っている」と自信がもてたり、誰かに「素敵」と褒められたりした着こなしを覚えておき、何度か繰り返してみてください。

自分なりのコーディネートをシーン別に決めておくのもいいでしょう。

客先を訪問する日はジャケットを着たり、デスクワークの日は動きやすい服装で肩こりや腰痛を防いだり。会食の日はブルーやイエロー、ピンクのシャツ、ネクタイの柄はストライプや小紋などを選ぶ。プレゼンの日は白いシャツにエンジのネクタイ、あるいは以前のプレゼンが成功した日と同じ服にしてゲンを担ぐ、など。

さらに、**翌日のコーディネートを決め、ポールハンガーにセットしてから就寝する**のがおすすめです。それが面倒なら、クローゼットにすっと手が入り、必要なものだけ取り出せるようにしておくといいですね。

コーディネートは、服を身に着けた状態を写真に撮っておくと、次回すぐに思い出せて便利です。

また、クローゼットをすっきりさせるために、**保管サービス付きクリーニングを利用する**のはいかがですか？　かさばるのは冬場のコート類なので、クリーニング店で寒くなるまで預かってもらうのです。

自分で洗えるダウンコートやセーターなら、洗濯後は圧縮袋に入れて空気を抜き、コンパクトな状態で保管しておけます。

▼アイロン不要のワイシャツを着る

時短で身だしなみを整えたい。そんなビジネスパーソンの強い味方は、**ノンアイロンタ**

イプのワイシャツです。

洗って干すだけで、アイロンをかけたような仕上がりになるので、こまめに洗濯ができます。ワイシャツをクリーニング店に出す人もいますが、コストを考えるなら自宅で洗濯する方がいいはずです。

ワイシャツを洗濯して干したあと、クローゼットに収納するときは、ハンガーに吊るしたままの状態にすると、皺がつかないでしょう。

ハンカチの代わりにタオルハンカチをもつと、アイロンがけはいりません。

アイロンがけをなくして、時短で「仕事ができる人」のイメージを作りましょう。

POINT

仕事の服はコーディネートをあらかじめ決めておく。アイロン不要のワイシャツなら手間と時間を省ける。

55
TIME SAVING HACKS

持ち物は前日に用意する

チェックする余裕ができ忘れ物を防げる

当日に準備すると忘れ物をしがち

難易度　すぐできる
範囲　自分
効果　60分短縮

準備は前日に済ませ1つにまとめる

忘れ物をなくすために、**持ち物は前日までに用意**しましょう。前日なら落ち着いて準備できるからです。出発するまでたっぷり時間があるので、足りないものに気づきやすく、必要なものが揃っているかチェックする余裕もあります。

また、**手荷物は1つにまとめる**とよいでしょう。パソコン用バッグを別にもったり、資料を別の紙袋に入れて持ち歩いたりと、2個持ち・3個持ちをすると、注意が散漫になりやすく、電車の網棚や外出先に置き忘れる原因になりかねません。

思い当たるなら、荷物は1つにまとめて、肌身離さずもつようおすすめします。

ビジネスシーンではリュックが人気です。リュックはパソコンが入るものもありますし、両手が空くので動きやすいのがメリットです。また、ショルダーや手持ちのカバンだと、右か左のどちらかに重さが偏りますが、リュックだとバランスがとれます。

ただ、リュックはカジュアルな印象を与えるので、訪問には向かないというあなたには、2WAYタイプをおすすめします。移動するときは背負い、訪問先では肩から下して手持ちしてください。

▼雨の日は折り畳み傘が便利

翌日の天気予報が雨なら、前日に傘を準備しましょう。天候にもよりますが、できれば**折り畳み傘**をおすすめします。

というのは、長い傘はバッグに入らないため、出かけるときもっていくのを忘れたり、電車の手すりにかけたまま置き忘れたりしやすいからです。

職場や訪問先で、傘立てに立てたまま、忘れて帰ることだってあるでしょう。

また、混んだ電車やバスの中で、びしょびしょに濡れた長い傘をもっていると、体にくっついて不快です。周りの人からも嫌な顔をされるかもしれませんね。

対して、折り畳み傘ならバッグにちょこんと入ります。

ただ困るのは、雨の水分を含んでしまうこと。バッグに入れた大事な書類やノートなどに水分が移ってしまうと、紙がヨレヨレになってしまいます。

折り畳み傘には共布の傘カバーが付いていますが、防水性は低いので、**食品を入れるジッパー付きの袋に濡れた傘を入れる**のはいかがでしょうか。水漏れしません。

電車の中や訪問先では、濡れた折り畳み傘をバッグにしまうと、置き忘れを防げます。

明日は雨の予報だなと思ったら、バッグに折り畳み傘とジッパー付き袋を入れておきましょう。

POINT

忘れ物を防ぐため持ち物は前日に用意する。
雨の日は長い傘より折り畳み傘を使う方がメリットが多い。

56
TIME SAVING HACKS

お気に入りのお店を決める

余計な時間をかけずに 満足のいく結果が得られる

探す時間を省ける

お店の人が丁寧に対応してくれる

難易度	すぐできる
範囲	自分
効果	30分短縮

お店はリピーターを大切にする

買い物をしたり、レストランを利用したり、サービスを受けたりするときは、お気に入りのお店を利用すると手っ取り早いでしょう。

これまで「利用してよかった！」と思ったところのウェブサイトを「お気に入り」に登録するとか、メモしておくと、すぐに思い出せますし、きっと時短で満足のいく結果が期待できますよ。

他方、都度違うお店を探すと時間がかかります。

ネットで検索するのもいいですが、スポンサーが上位に表示されてしまったり、興味のない広告や情報が目に入ったりして、気づけば30分……。目的を果たせないまま時間だけが過ぎていくなんてことはないでしょうか。

話は変わりますが、イギリスの経済学者ヴィルフレド・パレートは、物事の多くは上位

2割が全体の8割を占めると提唱しました。これを「パレートの法則」や「2：8の法則」と言います。

企業では、上位2割の顧客が、売上の8割を占めていることがよくあり、2割の優良顧客への営業活動に時間を割くのが効率的とされています。

何が言いたいかというと、**お店は8割の一見さんよりも2割のリピーターを大切にする**ということです。競合他社の中で、幾度も利用してくれる人がいたら、感謝をもって接してくれるでしょう。

お気に入りのお店なら時短につながる

お客様の立場からしても、**利用したことのあるお店なら気に入るものが見つかるヒット率が高く、情報管理の面でも安心できます**。

私は店員さんとＬＩＮＥのやりとりをして、取り置きや配送などのリクエストに応えてもらったりもして、かなり時短につなげています。

生活必需品も然り。行きつけのスーパーやドラッグストアを決めておくと、店内の売り場や動線を熟知するので、ほしいものがすぐに探せるでしょう。おまけにポイントもたまりやすくなります。

レストランにネットで予約を入れるときは、「かねてより貴店のファンです」「前回もお世話になりました」などと書くと、お店の人が丁寧に対応してくれたり、よい席を用意してくれたりするかもしれません。

あなたもお気に入りのお店を見つけたら、リピートするとよいでしょう。お店探しが時短になり、大切なお客様として重きを置いてもらえるでしょう。

POINT

お気に入りのお店を決めておけばゼロから探す手間が省ける。「大切なお客様」として便宜を図ってもらえる場合もある。

57
TIME SAVING HACKS

SNSと上手に付き合う

自分に必要か判断できれば時間を作れる

① SNSに疑問を持つ
② やめた場合を考える
得るもの
・30分の時間
失うもの
・投稿への「いいね」
・知人の近況
③ 試しに休んでみる
④ 必要性を判断する
やめる？
続ける？

難易度　すぐできる
範囲　自分
効果　30分短縮

「やめる」前にいったん「休む」

やらなくちゃと思っているけれど、実はやらなくていいことがあります。

例えば、SNS（FacebookやX、Instagramなど）をやっているなら、始めたきっかけを思い出してみてください。ハッキリした目的があればいいのですが、**「みんながやっているから」「流行に乗り遅れたくないから」といった理由の場合もある**でしょう。

実は私もFacebookをそんな理由で始めました。

でも、仕事がこなせない量になったとき、「Facebookは本当に必要？」と疑問が湧いてきました。

自分は投稿せずとも、知人の投稿に「いいね」を押し続けること毎日30分。「もしやめたなら」と仮説を立て、失うものを想像すると、「知人の近況がわからない」「自分の投稿に『いいね』がもらえない」。デメリットはそれだけのことだと気づいたのです。

とはいえ、いきなりやめるのは勇気がいります。折衷案として**休んでみて、それから再開するか、やめるか決断すればいい**でしょう。

時間はパズル。1日24時間と決まっていますが、どう使うかは自在に変えられます。ピースを入れ替えると、失うものこそあれ、必ず時間が創出できるようになります。

▼SNSで何でもかんでも投稿しない

SNSに投稿するときは、細心の注意を払いましょう。とくに**プロフィールに社名を載せているなら要注意**。入社時、「機密保持契約書」に署名捺印した記憶はありませんか？そうです。お客様や取引先の情報を漏らしたり、仕事上知りえたことを公表したりしてはなりませんね。

つい油断しがちなのがアフター6です。ある企業では職場の打ち上げがあり、盛り上げようとした部長がコスプレをしたそうです。一人の部下が面白がってその姿を撮影してS

NSに載せたところ、部長本人の耳に入って大目玉を食らったとか。
無礼講だからといって、何でもかんでもSNSに載せてよいわけでなく、本人の了承を得たり、社名に恥じない投稿を心がけたりしましょう。

また、**自分は投稿せずとも、別の人の投稿でタグ付けされると、あなたの行動が丸見えです**。もしも仮病や嘘の理由をつけて、どなたかの誘いを断り、別の仲間と酔っ払った写真が投稿されたなら言い訳ができません。

SNSは奇をてらった投稿でフォロワーや「いいね！」の数を増やすよりも、信用第一を心がけてください。

POINT

SNSをいったん休んでみて自分に必要か判断する。
SNSの投稿内容には細心の注意を払う。

58
TIME SAVING HACKS

睡眠を攻略する

しっかり睡眠をとれれば
仕事の能率が上がる

アルコール、カフェイン、強い光を避ける
寝る時間にアラーム
22:00
ぐっすり眠れる

難易度	すぐできる
範囲	自分
効果	60分短縮

▼寝る時間にアラームをかける

高いパフォーマンスを発揮できるのは、当然ながら体調がいいときです。まずは、**睡眠時間をしっかりとる**ことから始めましょう。

慢性的に短い睡眠は「睡眠負債」といわれます。負債が増えると、脳・心臓疾患の危険性も高まります。そうならないよう睡眠時間を確保してください。つい夜ふかしをしてしまうなら、早く寝る習慣を身につけるため、スマホのアプリを活用する手もあります。

8時間寝たい場合、朝6時に起きるとしたら22時が就寝時刻です。22時になると自動的にアラームで知らせてくれるので、「そろそろ寝よう」と気づき、夜ふかしせずに済みます。

目覚まし用のアラームをかける人は多いですが、**寝る時間にアラームを鳴らす**人は少ないのでは？　ぜひ寝る時間を守りましょう。

寝る前にアルコールやカフェインをとらないことも大切です。リラックスするために飲み物がほしいときは、ノンカフェインのハーブティなどがおすすめ。

また、蛍光灯などの照明や、パソコンやスマホ、テレビの画面から出る強い光も睡眠には大敵です。**寝る時間が近づいたら照明を暗めにし、画面は見ない**ようにしましょう。

▼目覚まし時計は2つセットする

恥ずかしい失敗といえば寝坊です。寝坊しないように目覚まし時計は、2つ用意するとよいでしょう。

時計の置き場所も大事なポイントです。**1つは時間を確認するために枕元に置き、もう1つは手の届かないところに置きます**。枕元にあると、「はいはい、起きますよ」とアラームをオフにして、すぐに起きるつもりが、再び寝込んでしまうことがあるからです。ベッドから起きて、歩いて目覚まし時計にようやく触れる場所に置くと、確実に目を覚ますことができると思います。

出張先の宿に泊まったときは、さらに要注意です。自宅と違う環境なので、寝つけないことがあります。おまけに遮光カーテンで日光が入らないと、朝だと気づかないこともあるため、万全を期してください。

まずは、使い慣れた自分のスマホでアラームを忘れずにセット。次に、**ホテルの部屋にある目覚まし時計や、電話機で設定できる自動のモーニングコールをセット**します。たとえ設定を誤ったり、寝ぼけてオフにしたりしても、「いずれか1つは鳴るだろう」作戦でいきましょう。

POINT

仕事の能率と健康維持のため睡眠時間を確保する。寝坊を防ぐために目覚まし時計を2つ置く。

59
TIME SAVING HACKS

心と体のケアに時間をかける

健康を保てば
モチベーションも上がる

難易度　すぐできる
範囲　自分
効果　60分短縮

睡眠時間を見直し疲れをとる

いつも元気いっぱいな取引先の方が入院してしまいました。復帰後のメールには、「今回の入院で健康のありがたみを知りました。鈴木さんも身体のケアを最優先してください」と書かれていました。その言葉が胸に刺さり、「健康でないと、よい仕事はできない」と当たり前のことに気づかされました。

前項で述べた通り、**まず見直したいのは睡眠時間です**。厚生労働省は睡眠時間の目安として、6時間以上を推奨しています。

また、仕事が忙しいと、健診をサボったり、不調に気づいても病院に行かなかったりして、病気の発見や治療が遅れたりするかもしれません。

そうならないよう、健康になるための予定を優先したり、毎日をご機嫌に過ごせる自分メンテ術（後述）を見つけたりすることをおすすめします。

仕事でクタクタになるのは、老若男女問わずみんな一緒。その日のうちに疲れをとるのか、それとも翌日に持ち越すのかによって、仕事のパフォーマンスは変わってきます。

▼日常的に自分をメンテナンスする

定期的にマッサージに通い、体をほぐしてもらっているという人が、私の周りに数名います。体がラクになり、気持ちまでリフレッシュされると大満足の様子。

日帰り入浴やサウナで汗をかいて、新陳代謝をよくするのもいいですね。エステに通ったり、ネイルをしたりするのが好きな人もいるでしょう。

私が日常的に取り入れている自分メンテ術は、3つあります。

1つめは**寝るときに目をあたためるアイマスクをつける**こと。パソコンによる目の疲れをとるためです。アイマスクをつけるとたちまち寝落ちするので不眠にもならず、一石二鳥。コストをかけたくない場合は、タオルを濡らして電子レンジにかけ、蒸しタオルを作るとよいでしょう。蒸しタオルをビニール袋に入れて目に当てると、温度が持続しやすいようです。

2つめは、立ち仕事で足が疲れてパンパンになったら、**足のリフレッシュシートを貼って寝る**こと。ハーブの香りと、ひんやりとした感触で気持ちよくなります。

3つめは、**スカルプブラシを使ってシャンプーする**こと。頭皮のコリがほぐれてスッキリします。

どれもお手軽&時短でできるので、ご機嫌な自分にいるために、ぜひお試しください。

POINT

疲れをその日のうちにとれば翌日の仕事のパフォーマンスが上がる。日ごろから「自分メンテ術」をほどこす。

COLUMN

6 外出先で置き忘れをなくす

大切な持ち物をどこかに置き忘れたことはありませんか？社外秘の情報が入ったスマホやUSBメモリースティックだとしたら……。想像するだけで冷や汗をかきますね。

電車に乗るとき、荷物を網棚に置くのはできるだけやめましょう。お酒が入っている日は要注意。最初は立っていても途中で席が空いて座り、荷物は頭上のままこっくりしてしまうのはよくあることです。乗り過ごしそうになって慌てて下車したら、荷物は乗車中。はて何時の何号車に乗ったかさえ記憶が遠のき、最悪見つからないかもしれません。

そんなミスをなくすために、ビジネスバッグやスマホ、紙袋などは肌身離さずに抱えて「運命共同体」にしてください。タクシーに置き忘れることもあるので領収書は必ずもらい、タクシー会社に連絡がとれるようにしておきましょう。

訪問先で傘立てに傘を立て、コート掛けにコートを掛けたまま忘れて帰る人もいます。お客様から電話があり、ようやく気づいて赤面したのは私の失敗談。

傘は折り畳みにしてバッグにしまい、コートは折り畳んで腕にかけるなどし、やはり自分から離れないように持ち歩くのがおすすめです。

第7章

知的生産力を上げる勉強・自己投資のハック

60

TIME SAVING HACKS

「やりたいことリスト」を作る

目標が実現する可能性が高まる

難易度	慣れが必要
範囲	自分
効果	1年以上短縮

やりたいことを文字にする

ToDoリストは今日やることを書いたものですが、**目標を叶えるために、長い目で見て「やりたいことリスト」を作りましょう。**

私は起業したとき、「自分の強みは何だろう？」「趣味でなくビジネスになるかな？」「これまでの経歴を活かせるかな？」「人と差別化できるかな？」などといったことを考えながら、やりたいことを5つ挙げて名刺の裏に刷りました。5つのうち、すでに経験があったのはたったひとつ。それなのに、数年後には全部実現し、不思議な思いをしました。

理由は、**目標を文字にして見えるようにした**からだと思います。ああでもないこうでもないと、ノートにやりたいことをいっぱい挙げて、絞り込んだ5つでした。

リストは自分だけの秘密にしてもいいですが、考えているだけではなかなか実現しません。**誰かに見せると、協力してもらえたり声がかかったりするチャンスが生まれる**ことでしょう。

「ＮｏｔＴｏＤｏリスト」を作る

言うまでもなく、ＴｏＤｏリストは、やるべきことをリストアップしたもの。ここでおすすめする**ＮｏｔＴｏＤｏリストは、やらないことをリストアップしたもの**です。

「今日やるべき大事な仕事がある」と頭ではわかっていても、ラクな仕事に逃げてしまう。そのような脱線・非集中を防ぎたいときは、ＮｏｔＴｏＤｏリストを作りましょう。

社会に出ると、自分で優先順位をつけなければなりません。そこで、ＮｏｔＴｏＤｏリストには、**自分の弱いところや、易きに流れやすい傾向、やめたい習慣をいくつか書いてみてください**。

例えば「メルマガを読まない」「有名人のブログを見ない」なども一案です。参考までに私はリストに「18時から翌朝8時までは仕事をしない」「1日15分以上ＳＮＳをしない」

「飲み会の2次会・3次会は参加しない」「アンケートに答えない」と書いています。

他にもNotToDoリストは、仕事量を抱えすぎないようにするのに役立ちます。例えば、客先を訪問して営業や商談する場合、1日につき2件までが限界だと感じたら、「1日あたり3件以上アポは入れない」と決めておくと、ムリのないスケジュールが組めるでしょう。

また、「会議は1時間以上しない」「会議中黙ったままでいない」というように、自分なりの目標をリストアップしておくと、行動に移しやすくなります。

リストは目につきやすいところに置き、ときおりチラッと見るだけで効果を発揮してくれるでしょう。

POINT

やりたいことをリストにするとチャンスにつながりやすい。「NotToDoリスト」で自分の習慣や行動を変える。

61
TIME SAVING HACKS

積極的にインプットする

会社では学べない知識を仕事に活かせる

良質なインプットが良質なアウトプットを生み出す

難易度　慣れが必要
範囲　自分
効果　１年以上短縮

▼本を読んで自己投資する

質問。あなたは毎日どんなインプットをしていますか？

セミナーで受講者の方に聞くと、「インプットする時間なんてありません」とか「休日は疲れて寝ています」と答える人が多くいます。時間に追われてしまい、仕事や家事をこなすだけで精一杯というのが本音でしょう。

でも、この本を手にとってくれたあなたは、きっと向上心がある志の高い人。**良質のアウトプットをするためには、日ごろからインプットする習慣をもつことが大切です**。

情報源としてとくにおすすめしたいのは本です。あなたは本を読んでいますか？　いろいろなジャンルがありますが、小説とビジネス書はぜひ読んでほしいと思います。

まずは小説です。小説を読むと想像力が豊かになります。というのは小説には文字しかありません。だから読者は自分で主人公や風景を想像するのです。また、作家の書く文章はお手本で、語彙力や表現力を学ぶこともできます。そうやって小説は娯楽と学びを同時に提供してくれます。

ビジネス書もぜひ読んでみましょう。会社や他人が教えてくれないことを学べます。人気講師のセミナーは参加費数万円が相場ですが、**本ならいつでも・どこでも・安価で学ぶことができます**。とはいえビジネス書になじみがないなら、やさしい内容のものを書店で探してみてください。

▼インプットの情報源を絞る

インプットの情報源は本以外にもたくさんあります。しかし、あれもこれもと欲張って情報を求めると、必要のないものまで目にしたり、消化不良になって時間のムダになったりすることも。また、事実でないことを正しいと思い込むリスクもあります。

信頼する情報源を3つぐらいに絞ってみると、負担なく目にすることができますし、ひ

とつに偏らないので、事実かどうかを比較検討することも可能になります。

例えば、「〇〇新聞」を購読し、ビジネス雑誌は「△△」を読み、ネットサイトは「□□」を閲覧する、と決めておけば、多すぎず少なすぎず適正な量と向き合えます。媒体も活字とネットの両方があるので、バランスがいいでしょう。

もちろんインプットは読み物だけではないので、**休日やアフター6に美術館や映画館に出かけるのもよいでしょう。**私はアイドルのコンサートに行って英気を養うこともあります（笑）。

インプットの目的は、自分にとって必要で有益な情報を得るということ。情報も、足るを知る者は富むのです。

POINT

本を読む習慣を身につければ良質なアウトプットができる。
情報源を絞るとムリなくインプットができる。

62
TIME SAVING HACKS

自分にも設備投資する

自宅にプリンターがあればわざわざ出社しなくて済む

難易度　すぐできる
範囲　自分
効果　60分短縮

▼自宅にパソコンとプリンターをそろえる

あなたは自宅にパソコンや家庭用プリンターをおもちでしょうか？　もしもっていないなら購入するのも一案です。仕事の環境をクラウド化すれば、オフィスや外出先、自宅のどこからでもアクセスできて便利でしょう？

在宅勤務が広がりをみせ、副業ができる企業も増えてきました。**自宅で仕事ができる環境を作っておくのも備えのうち**です。

そういえば、私も自宅で使うプリンターを多機能なものに買い換えてから、仕事がぐんとはかどるようになりました。

それまでは大量のコピーやスキャンをするとき、わざわざ電車に乗ってコピーができるお店へ出向いていたのですが、今は自宅であっという間にできてしまうので助かっています。

自分のお財布で仕事に使うものを買うとなると、節約が頭をよぎるかもしれませんが、**自分を助けてくれるものには、ぜひ投資をしてください**。会社の規定で難しい場合もありますが、設備投資をすると、元をとろうとして、やる気が出ることでしょう。

▼自分だけの特別な筆記用具をもつ

会社から支給されるものとは別に、**自分だけの特別な筆記用具もそろえておきましょう**。おすすめしたいものは2つ。

まずは**ボールペン**です。自分をブランディングするつもりで、あなたのクラスを上げるものを手に入れてください。

打ち合わせでメモをとるときは、意外に手許まで見られています。そんなときに、特別なボールペンが登場します。不思議なことに指先までほどよい緊張感が保てます。

特別なボールペンを手に入れると、なくさないよう大切にします。何年間もスタメンで使い続けるので、高価なものでも元はとれるはずです。

2つめにおすすめするのは**万年筆**です。デジタル全盛の時代だからこそ、手書きの温もりが人を癒すのかもしれません。

手紙を書くとき、ボールペンでは失礼にあたることもあります。ボールペンはあくまで事務作業用なのです。**万年筆は現代における筆にあたり、目上の人への手紙や正式な場面での署名などにも対応できます**。ですからお礼状を書くなら万年筆がベストです。

普段のやりとりはメールが主流でも「ここぞ」というとき、あえて手間をかけることで相手に敬意を表せます。万年筆でしたためると、インクの濃淡や太さの変化など独特の風合いを出すこともできます。

興味があれば、スキマ時間にでも、一度お店を覗いてみましょう。

POINT

パソコンと家庭用プリンターを買えば自宅で仕事ができる。特別なボールペンと万年筆をもつとさまざまな場面で重宝する。

63
TIME SAVING HACKS

学びを仕事に活かす

自分の価値を高めておけば この先も長く働ける

学びで自分の価値を高める

今いる会社にとって価値ある人材?
社外に通用する力をもっている?

インプットとアウトプットを両方やりながら学ぶ

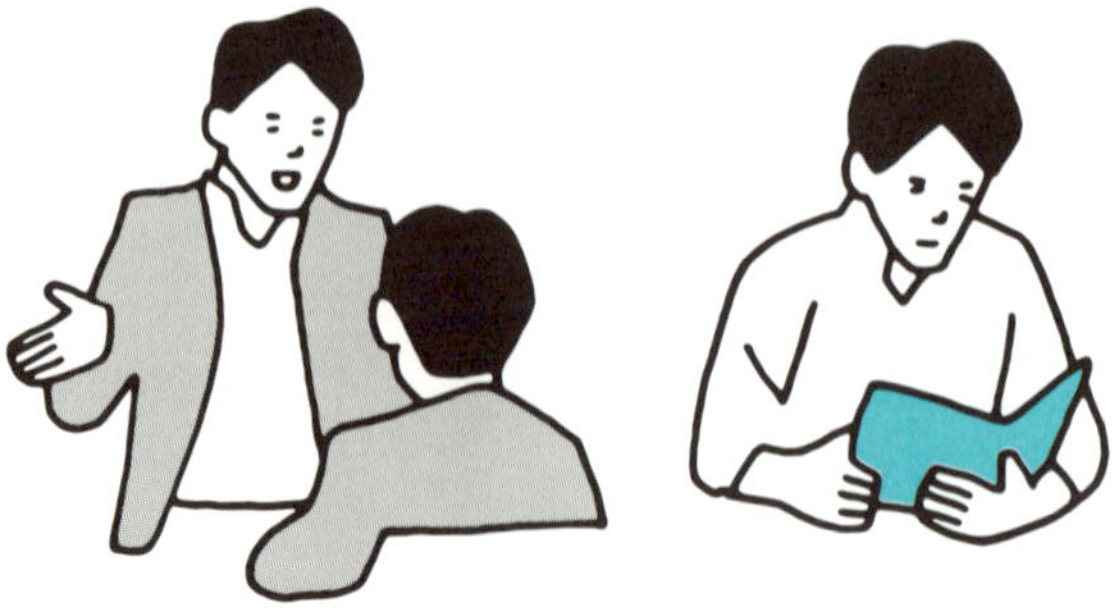

難易度	すぐできる
範囲	自分
効果	60分以上短縮

あなたの価値が問われている

あなたの価値を高めるために、知っておきたい言葉があります。それは、「エンプロイアビリティー」です。エンプロイアビリティーとは、「雇用する」(Employ)と「能力」(Ability)を組み合わせた造語で、意味は2つあります。1つめは「**一人のビジネスパーソンとして社外に通用する力をどの程度もっているか**」、2つめは「**今いる会社で雇われ続ける価値のある人材か**」です。

一度入社したら安泰ではなく、この先何が起こるかわかりません。

転職しようとしまいと、どこでも通用する能力なりスキルを身につけておくと万全ですね。今の勤務先に満足していても、ずっと働き続けられるよう自分磨きを始めましょう。

いずれにしても自らのエンプロイアビリティーを高めるのが身を守る最善の術。

会社で与えられた仕事をキチンとこなすだけでは残念ながら足りませんので、自分時間を作り、学ぶ機会を増やしましょう。

▼効果的・効率的に学んで仕事に活かす

何をどう学ぶかは人それぞれですが、せっかくなら、学んだことを仕事に活かしたいもの。興味深いデータがあるのでご紹介します。「学び方によって学習定着率が変わる」というもので、学習定着率が低いものから高いものへ順に並べると、読書が10％、講義が20％、画像・ビデオが30％、視察・デモンストレーションが50％、体験する・話し合うが70％、他者に教えるが90％でした（※）。

そこでおすすめしたいのは、**何かを学ぶときは、インプットとアウトプットの両方をすること**。

例えば、読書は安価で手軽にできますが、時間が経つと内容をすっかり忘れてしまうことってありませんか？　学習定着率をよくするためには、本に書いてあったことを実践したり、他の人に話したりするとよいでしょう。

※堀公俊『ビジュアル　ビジネス・フレームワーク［第２版］』（日本経済新聞出版）より

また、研修やセミナーを受けるときは、講義を聞くだけだと、眠くなったり、右の耳から左の耳へと流れてしまったりすることがあるでしょう。

そこで講義を聞く前に、**報告書を作成したり、学んだことを後輩や同僚に教えたりする予定を立てておく**と、講義中に積極的にメモや質問をするようになります。

終了後は、復習したり、学んだことを話したり、資料にまとめたりと言語化することで、確実に力がつくのです。

「リスキリング（学び直し）」という言葉もあります。変化の激しい時代ですから、自分をアップデートしておく必要がありますね。ぜひ自分時間を作って効率よく学び、仕事に活かしましょう。

POINT

学んだことを仕事に活かし、自分の価値を高めておく。学ぶときはインプットとアウトプットを同時に行うとよい。

64
TIME SAVING HACKS

仕事を離れて学ぶ時間を作る

社内では得られない知識やスキルが身につく

目的意識をもって学ぶ

オンラインセミナーなら効率的

難易度　すぐできる
範囲　自分
効果　60分以上短縮

目的意識をもって外部セミナーを受講する

仕事から離れて学びを得る時間をぜひ作りましょう。

おすすめしたいのは、**外部セミナーを受講すること**です。その道の専門家やプロに教わる機会は貴重。社内では得られない知識やスキル、気づきを得ることができます。

申し込むときは、何のために何を学びたいのかという目的をハッキリさせて、知りたいことや解決したいことを明確にしましょう。そうしたうえでテーマや内容を選ぶと、時間対効果が高くなると思います。

会社が契約していたり、よく利用したりするセミナー会社や主催者があれば、上司に「行きたいです！」と申し出れば、行かせてもらえるかもしれませんし、そうでなければネットなどで検索して個人で申し込むこともできます。個人で探す場合、外部セミナーは玉石混交なので、怪しい勧誘などに引っかからないでくださいね（笑）。誰でも個人がSNS

などで情報を発信できるからこそ、選択眼が必要です。

選ぶ基準としては、無料より有料をおすすめします。有料だとキャンセルしたらお金がもったいないですし、元をとろうとやる気になります。どんなに仕事が忙しくても、欠席したり、残業したりしている場合ではない！　と気合いが入りますよ。

▼オンラインセミナーなら時短で学べる

コロナ禍以降、**オンラインセミナーも盛んに行われています。オフィスや自宅にいながらにして受講できるのはメリット**。とくに遠方に住んでいて会場まで足を運べない人や、子育てや介護がある人にとって好都合です。自分の生活パターンや好みに合うものを選ぶとよいでしょう。

私は講師になりたてのころ、PowerPoint に不慣れでした。会社員のころは PowerPoint で書類を作ったことがなかったのですが、プロの講師になれば PowerPoint のスライドを投影しながら講義をする必要があります。

そこで外部セミナーを見つけて2日間参加しました。数万円自腹を切りましたが、たった2日間でスキルを習得できたので大正解。「あのとき集中して学んでよかった！」と今でもつくづく感じています。

また、近年は大学のビジネススクールに通いました。会場に足を運んで授業を受けるリアル参加と、自宅で受講できるオンライン形式、両方とも経験したところ、それぞれによさがありました。いずれも講義の内容もさることながら、向学心がある人たちと討議ができ、よい刺激を受けました。

ぜひあなたも学びのシャワーを浴びる計画を立てましょう。

POINT

社内では得られない知識やスキルを外部セミナーで身につける。オンラインセミナーなら自分の生活パターンに合わせやすい。

65
TIME SAVING HACKS

趣味の時間に仕事のヒントを見つける

オフの時間の方がアイデアが浮かびやすい

難易度　すぐできる
範囲　自分
効果　60分以上短縮

オフの時間も感性を研ぎ澄ませておく

終業後や休日に仕事のことばかり考えていては脳も体も休まりませんが、**余暇や趣味の時間にも仕事のヒントが隠されていることがあるので、感性を研ぎ澄ませておきましょう。**

出版社で編集者として働くTさんは、人気ドラマを録画して休日に観るのだそう。ドラマのストーリー展開を楽しみながら、旬や流行りの情報をキャッチしたりして、書籍の企画に活かすことがあるのだとか。

なるほど、デスクで「いい企画はないかな～」とひたすら考えるよりも、一視聴者としてドラマを観ると、消費者やお客様の目線にシフトできるのかもしれません。本の企画でも、読者のニーズを知ることが大切ですから、よいヒントを得られるのでしょう。

残業を厭わず、オフタイムを削ってまで仕事に精を出す人がいます。仕事熱心なのはすばらしいことですが、自分時間が減り、毎日会社と家との往復だけになってしまいます。

インプットの機会が減ると、同じ思考パターンをくり返したり、既存の知識や情報に頼ったりしてしまいます。発想が広がらず、もったいないですよね。

夢中になれることから発想を広げる

オフの時間に好きなことをするのは至福のひと時です。推し活でもゲームでも動画でも夢中になれることを見つけて、たくさんのことを体験したり吸収したりしましょう。

引き出しが多くなると、発想が豊かになり、アイデアが浮かびやすくなります。

私はストレス発散を兼ねて、お笑い番組を観るのが好きです。好きな芸人さん曰く、カフェに入って、ひとりで過ごすとき、周りのテーブルから聞こえてくるおしゃべりをネタにするのだとか。その芸人さんが喫茶店のコントをするのを観るたび、「ある、ある」と笑ってしまいます。どこにでもヒントが隠されているのですね。

そういえば、私もアイデアが浮かぶのは、むしろオフタイム。料理をしたりお風呂に入ったり、寝ようとしたりした瞬間に、「そうだ！」とひらめくことがよくあります。**ひらめいたら、すかさずメモ**。アイデアは宝物ですから、忘れないよう記録して仕事に活かしています。

読書をするときは、「これいいな」というフレーズや言葉を見つけ、メールなどに使ってみる。メール作成が速くなり、語彙も豊かになりますので、ぜひお試しください。

お店では自分がお客様として、接客するスタッフの対応を観察してみてください。

ミスがない人、仕事が速い人、説明や提案がうまい人、また会いたくなる人がいたら、よいところを真似するのも一手です。

POINT

オフの時間にインプットを増やすとアイデアが生まれやすい。オフタイムにも仕事のヒントを見つけられる。

COLUMN

7 目標やスローガン・座右の銘を手帳に書く

手帳を使い始めるときは今年1年の目標を最初の方のページに書いてみてください。月ごとや週ごとのミニ目標やスローガンも決めましょう。

手帳に書く目標は、組織のためでなく自分のため。だから公私混同でかまいません。私は毎年お正月になると目標を決めます。目標は仕事中心ですが、人づきあいの心得、お金のこと、時間の使い方、自己啓発についても書き出すようにしています。

目標を立てるのと立てないのとでは、1年間の過ごし方がまるで違ってきます。ストレスになると本末転倒なので、「願いが叶いますように」くらいがちょうどいい加減かも。

あなたの座右の銘もぜひ手帳やノートに書いておきましょう。ひとつ決めておくと、壁にぶつかったとき背中を押してもらえたり、解決の糸口が見えたりします。

憧れの人、例えばスポーツ選手や有名人、起業家などが言ったことでもいいですし、名言集をパラパラめくって選んでみてもいいでしょう。

言葉にはパワーがあります。折にふれて見返し、励ましたり助けたりしてもらいましょう。

時短が進む！　便利サイト

ビジネスパーソンの仕事を手助けしてくれる便利なサイトがあります。
これらのサイトを積極的に活用して時短を進めましょう。

● keisan 生活や実務に役立つ計算サイト

https://keisan.casio.jp/

計算機メーカーのCASIOが提供しているサイト。消費税や源泉徴収税、飲み会の割り勘など、仕事や生活のさまざまなシーンで必要となる金額を簡単に計算することができます。

● freee 無料ビジネステンプレート集

https://www.freee.co.jp/kb/template/

会計サービスを提供するfreeeが運営するサイト。請求書や発注書、それらの送り状などのテンプレートをダウンロードでき、ゼロからビジネス文書を作成する手間が省けます。

●かわいいフリー素材集　いらすとや

https://www.irasutoya.com/

イラストレーター・みふねたかし氏が運営するイラスト素材サイト。人物や動物・イベントなど、さまざまなジャンルのイラストを無料で使うことができ、チラシや案内書などの挿し絵として活用できます。

おわりに
思い立った今がチャンス

最後までお読みくださり、ありがとうございました。時短力を高めるハックを65項紹介しましたが、やってみよう！　と思うものは、どれでしょうか？

288ページでお伝えした通り、読書の学習定着率は、学んだことの10％程度と言われています。**本を読むだけでは忘れやすいので、さっそくハックを試してみてください**。

時短力を身につけると、より効率的に成果を出そうと考えるようになるので、スピードがどんどん加速します。PDCAサイクルを自力で回せるようになるのです。

PDCAとは、計画してから仕事をし、終わってからふり返り、次の仕事に向けて改善すること。この本でお伝えしたハックを実践するうち、あなたはPDCAサイクルをくり返すようになるでしょう。その結果、成長でき、上司やお客様から信頼され、安心して仕事を任せてもらえるようになります。

仕事をするうえで、時短力は間違いなく武器になります。

一度身につけてしまえば、一生涯役立ちますし、どこにでも持ち運べます。

さらにプライベートでも時間の使い方がうまくなるので、やりたいことが2倍・3倍とできるようになります。

「自分時間はほしいけれど、忙しいから無理」「いつか暇になったら、やりたいことをやろう」なんて、のんびり構えていたら、あっという間に時は過ぎていきます。**今日という日は二度と来ないので、やり直しがききません。思い立った今こそチャンスです！**

若手社員のころの私は、「仕事が辛い」「早く辞めたい」「将来が不安」と愚痴をこぼしてばかりいました。でも今は違います。仕事も自分時間も満喫して、毎日が充実しています。年齢を重ねれば重ねるほど幸せが訪れるなんて、当時は想像すらできませんでした。

次はあなたの番。時短力を磨いて仕事をし、笑顔になる自分時間を増やしましょう。

鈴木真理子

参考文献・資料

『ビジュアル ビジネス・フレームワーク〔第2版〕』堀公俊著　日本経済新聞出版
『「ミスなし、ムダなし、残業なし」に変わる！「テンパリさん」の仕事術』鈴木真理子著　青春出版社
『ミスが減る！信頼される！仕事の準備の本』鈴木真理子著　大和書房
『ミスがなくなり、仕事が速くなる　絶対に片づく整理術』鈴木真理子著　ＰＨＰ研究所
『絶対にミスをしない人の仕事のスゴ技BEST100』鈴木真理子著　明日香出版社
『「速く」「短く」「感じよく」メールを書く方法』鈴木真理子著　明日香出版社
『仕事のミスが激減する「手帳」「メモ」「ノート」術』鈴木真理子著　明日香出版社
『「段取りが良い人」と「段取りが悪い人」の習慣』鈴木真理子著　明日香出版社
『やり直し・間違いゼロ　絶対にミスをしない人の仕事のワザ』鈴木真理子著　明日香出版社
『もう必要以上に仕事しない！　時短シンプル仕事術』鈴木真理子著　明日香出版社
ＳＢＩ新生銀行「２０２３年会社員のお小遣い調査」
https://corp.sbishinseibank.co.jp/ja/news/news/20230629a.html

著者
鈴木真理子（すずき・まりこ）
株式会社ヴィタミンM　代表取締役
ビジネスコンサルタント

東京都葛飾区亀有生まれ。千葉県柏市にて育ち、現在は神奈川県横浜市在住。共立女子大学卒業後、三井海上火災保険株式会社（現三井住友海上）に入社し、9年3ヶ月間の勤務を経て退職。さまざまな職業を経験した後、ビジネスコンサルタントとして独立。2006年起業し、講師派遣型の社員研修を行う株式会社ヴィタミンMを設立。
企業研修や公開セミナーにおいて数多の失敗談を告白しながら、ミス、ムダ、残業を減らすヒントを提唱している。講師業の傍ら、新聞や雑誌をはじめメディアの取材、ビジネス書の執筆まで幅広く活動中。日本ペンクラブ会員。
大手新聞社のコラムでは、江戸っ子言葉でギャグ好きの姉御気質「すずまり姉さん」のキャラクターで登場し、以来「すずまり姉さん」の愛称で親しまれている。

主な著書に、『絶対にミスをしない人の仕事のスゴ技 BEST100』『仕事のミスが激減する「手帳」「メモ」「ノート」術』（以上、明日香出版社）などがあり、累計26万部を超える。

無駄ゼロ！自分時間が増える　超・時短ハック

2024年9月18日 初版発行
2024年9月30日 第7刷発行

著者　鈴木真理子
発行者　石野栄一
発行　明日香出版社
〒112-0005 東京都文京区水道 2-11-5
電話 03-5395-7650
https://www.asuka-g.co.jp
デザイン　菊池 祐
イラスト　岡田丈
組版　野中賢 / 安田浩也（システムタンク）
編集協力　米田政行（Gyahun 工房）
校正　鷗来堂
印刷・製本　シナノ印刷株式会社

ISBN 978-4-7569-2359-2